VIVER E VENCER
Eduque Seu Cérebro

VIVER E VENCER
Eduque Seu Cérebro

COSETE RAMOS

Copyright © 2006 by Cosete ramos

Todos os direitos desta edição reservados à Qualitymark Editora ltda.
É proibida a duplicação ou reprodução deste volume, ou parte do mesmo
sob qualquer meio, sem autorização expressa da Editora.

Direção Editorial
SAIDUL RAHMAN MAHOMED
editor@qualitymark.com.br

Produção Editorial
EQUIPE QUALITYMARK

Capa e projeto gráfico:
ARTES E ARTISTAS
Ilustrações / Miolo e capa:
RÊ

1ª EDIÇÃO: 2006

CIP-BRASIL. CATALOGAÇÃO-NA-FONTE
SINDICATO NACIONAL DOS EDITORES DE LIVROS, RJ.

R142v

Ramos, Cosete
    Viver e vencer – eduque seu cérebro / Cosete Ramos. – Rio de Janeiro : Qualitymark, 2006
    152p.

    ISBN 85-7303-654-0

    1. Auto-realização (Psicologia). 2. Mudança (Psicologia). 3. Técnicas de auto-ajuda. I. Título.

06-2394.
    CDD 158.1
    CDU 159.947

2006
IMPRESSO NO BRASIL

Qualitymark Editora Ltda.
Rua Teixeira Júnior, 441 - São Cristóvão
20921-405 - Rio de Janeiro - RJ
Tel.: (0XX21) 3094-8400

Fax: (0XX21) 3094-8424
www.qualitymark.com.br
E-mail: qualitymark@qualitymark.com.br
QualityPhone: 0800-263311

Dedicatória

Ofereço este livro ao meu querido cunhado, **DILSON DE CARVALHO**, por tudo que sempre foi e continua sendo!

Quanta coragem! Há anos DILSON luta bravamente contra um câncer. Enfrentou, com ânimo forte, quatro cirurgias devastadoras. Depois de tudo que passou, ainda voltou a trabalhar como Diretor, aceitando o convite feito pela mesma Empresa da qual se aposentara. Foram muitas as reuniões de trabalho com a bolsa (infusor) presa na cintura! Foram inúmeras as sessões de quimioterapia! Foram muitos os dias e as noites na expectativa da subida ou descida do CEA.

Quanta persistência! Você nunca desistiu. Sempre manteve a confiança e a esperança! Continuou a jogar seu tênis. Nunca parou de lutar e trabalhar. Exatamente com este DNA são constituídos os Seres Humanos Especiais, como você, meu cunhado!

Quanto exemplo! Obrigada por oferecer, a todos que o conhecem, um modelo perfeito do Ser Vitorioso, na vida pessoal e profissional, exatamente como a pessoa que procuro retratar nesta obra.

Quanto amor! Era uma vez... um homem e uma mulher: **DÍLSON E ROSETE!** Tive o privilégio e a alegria de acompanhar seus 43 anos de vida de casados. Uma grande paixão, que começou com um primeiro olhar, enamorado, que a menina de 13 anos lançou para o rapaz bonitão, na Praia de Copacabana, no Rio de Janeiro! E, assim, teve início uma caminhada, que continua até hoje, com muito amor, cumplicidade e balões coloridos que enfeitam e enchem de encantamento o viver conjunto!

Amo vocês, meus irmãos, com todo o meu coração!

Apresentação

Da: Cosete   Para: Leitora. Leitor.

ABRA SEU CORAÇÃO. Esta obra foi escrita para você e pretende falar diretamente ao seu coração. Que as portas e as janelas da sua alma estejam abertas a fim de que possamos nos encontrar e realizar juntos maravilhosas descobertas!

UM COACH A SEU SERVIÇO. Você pode aprender a usar seu cérebro para **criar sucesso pessoal e profissional** através deste livro-coach. Trata-se de uma obra que lhe ajudará a promover um novo pensar sobre si mesmo, acreditando que seus pensamentos e ações são fundamentais para crescer e melhorar o desempenho na família e no trabalho. Neste texto encontrará indicações que lhe orientem a educar seu cérebro a participar ativa e positivamente da missão de tornar você um **Ser Vencedor!** Este livro busca construir uma ponte entre as incríveis descobertas da Ciência do Cérebro (Neurociência) e uma atuação muito mais feliz, competente e inteligente, fundamental para o desenvolvimento do seu projeto de vida.

FAÇA NOVA MODELAGEM MENTAL. O caminho começa a ser trilhado ao tomar a decisão de mudar a sua mente. Toda a programação cerebral negativa do passado (crenças, medos, condicionamentos) limita e restringe o que você é no presente. Ao efetuar uma reprogramação positiva e ampla, com certeza vai transformar sua vida. Você tem todo o poder para fazer isto. Você construiu o cérebro que possui hoje, ao autorizar que entrasse tudo o que está lá dentro. O seu momento é agora para desconstruir (tirar o que não interessa) e reconstruir (colocar coisas novas). É a hora certa de fazer uma nova modelagem mental!

INVENTE UM NOVO VOCÊ. Prepare-se para percorrer uma excitante trajetória no processo de inventar você de novo! Veja quantas coisas irá aprender. A se ver como um ser inteiro, que existe e sente e logo pensa. A conhecer e comandar com razão e emoção seu cérebro poderoso. Ao controlar suas emoções. Ao acreditar e confiar em você. Ao se gostar muito. Ao adotar atitudes afirmativas. Ao aumentar sua auto-estima e automotivação. Ao fazer desabrochar sua imaginação e criatividade. Ao usar suas múltiplas inteligências e pensar como os gênios. Ao ampliar seu talento. Ao sonhar e criar o futuro em sua mente e ser o seu próprio negócio. Ao trabalhar com paixão, mudando e reinventando você. Ao desafiar seu cérebro genial, e fortalecer seu diferencial competitivo. Ao se tornar um eterno aprendiz. Ao balizar sua atuação pela ética. Ao priorizar sua qualidade de vida. Ao celebrar suas vitórias.

APRENDA A FAZER FAZENDO. Estão esperando por você 35 exercícios práticos. Eles lhe permitirão refletir, aplicar conhecimentos e partir para a ação, efetivando mudanças pessoais e profissionais significativas. Participe com entusiasmo e alegria de todas as dinâmicas de aprendizagem, exatamente como fazem as crianças e os gênios quando são estimulados e desafiados.

AUMENTE O SEU PODER. Descubra dentro de si o poder do seu corpo, o poder do seu coração, o poder do seu cérebro de sentir, pensar, criar e realizar! Descubra o imenso prazer de se encantar, nesta aventura extraordinária de viver plenamente!

SUMÁRIO

1. GRITE BEM ALTO! BASTA! Abaixo o Paradigma do Fracasso!...................9
2. VOCÊ É UM SER INTEIRO EM TUDO O QUE REALIZA! Existe e Sente, Logo Pensa!....................13
3. VOCÊ TEM UM CÉREBRO SUPERPODEROSO! Conheça-o Muito Bem!..................17
4. VOCÊ TEM UM CÉREBRO SUPERPODEROSO! Comande-o com a Razão e a Emoção!................21
5. VOCÊ É UM SER EMOCIONAL, QUE PENSA! O Poder das Emoções e dos Sentimentos! 25
6. CONTROLE SUAS EMOÇÕES! Dê Atenção Especial para a Raiva!........................29
7. VOCE ACERTA E ERRA: É UM SER HUMANO! Enfrente com Coragem o Medo de Errar!............33
8. ESCOLHA O QUE É MELHOR PARA VIVER! Ser Alegre X Ser Triste........................37
9. ACREDITE E CONFIE EM VOCÊ! Faça Florescer e Aparecer suas Qualidades 41
10. GOSTE MUITO DE VOCÊ! AME-SE! Porque é Importante e Faz Diferença!...................45
11. SUAS ATITUDES AFIRMATIVAS TÊM IMPACTO! Encha o Cérebro de Positividade!................49
12. MUDE A MENTE! MUDE O MUNDO! Inverta o Ditado: "Sua Cabeça é o seu Mestre 53
13. VOCÊ É UM SER EMOCIONAL, QUE PENSA! O Poder do Pensamento Racional.......................57
14. APRENDA: HOJE! AMANHÃ! SEMPRE! Aprender é o Mapa da Mina do Sucesso!....................61
15. GUARDE AS MEMÓRIAS QUE VALEM A PENA! Apague as Lembranças que Não Valem!.............65
16. VOCÊ É UMA PESSOA MUITO CRIATIVA! Faça sua Imaginação Desabrochar!......................69
17. VOCÊ POSSUI 9 (NOVE) INTELIGÊNCIAS! Bravo! É um Ser Superinteligente!........................73

SUMÁRIO

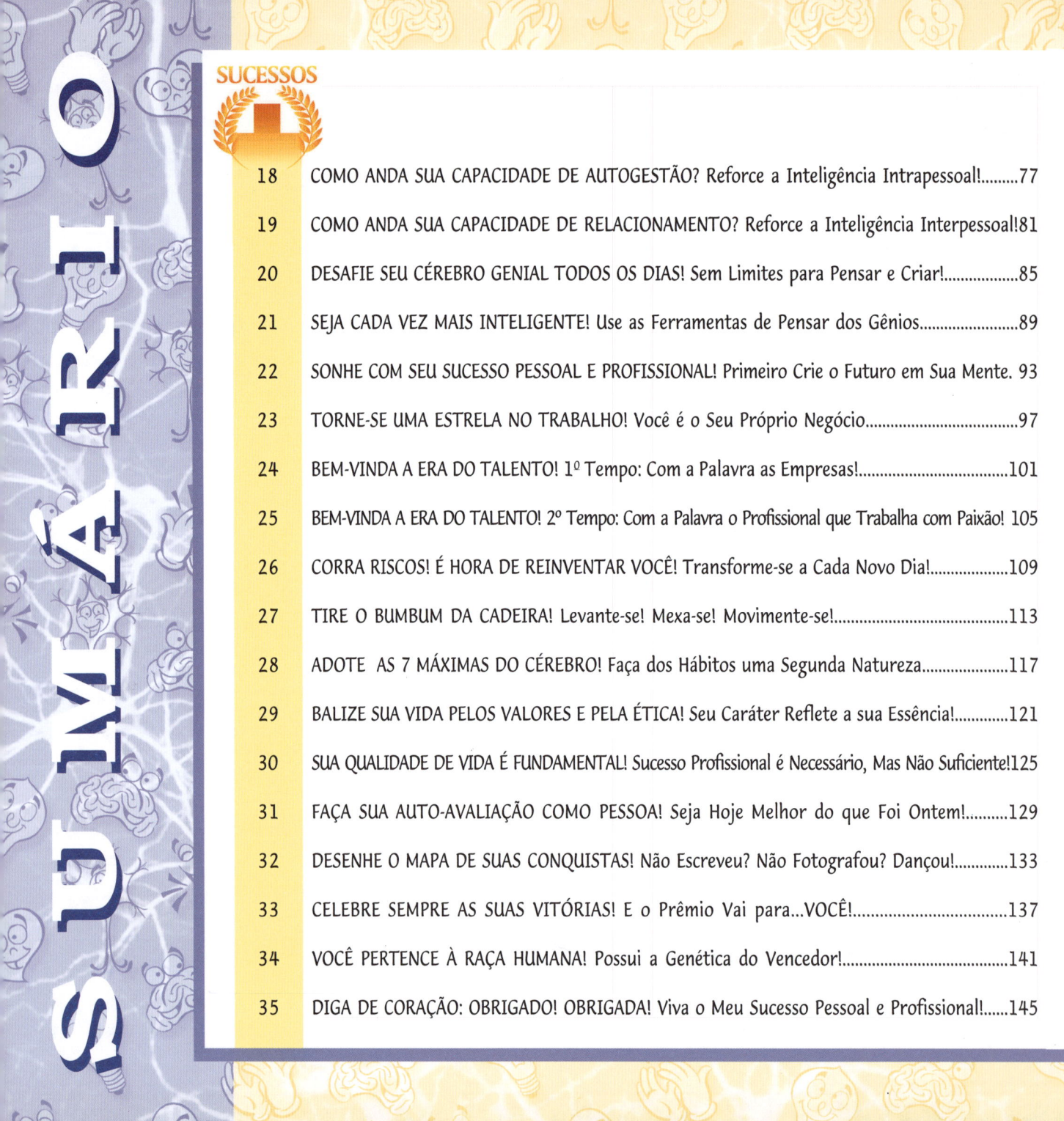

SUCESSOS

18	COMO ANDA SUA CAPACIDADE DE AUTOGESTÃO? Reforce a Inteligência Intrapessoal!	77
19	COMO ANDA SUA CAPACIDADE DE RELACIONAMENTO? Reforce a Inteligência Interpessoal!	81
20	DESAFIE SEU CÉREBRO GENIAL TODOS OS DIAS! Sem Limites para Pensar e Criar!	85
21	SEJA CADA VEZ MAIS INTELIGENTE! Use as Ferramentas de Pensar dos Gênios	89
22	SONHE COM SEU SUCESSO PESSOAL E PROFISSIONAL! Primeiro Crie o Futuro em Sua Mente.	93
23	TORNE-SE UMA ESTRELA NO TRABALHO! Você é o Seu Próprio Negócio	97
24	BEM-VINDA A ERA DO TALENTO! 1º Tempo: Com a Palavra as Empresas!	101
25	BEM-VINDA A ERA DO TALENTO! 2º Tempo: Com a Palavra o Profissional que Trabalha com Paixão!	105
26	CORRA RISCOS! É HORA DE REINVENTAR VOCÊ! Transforme-se a Cada Novo Dia!	109
27	TIRE O BUMBUM DA CADEIRA! Levante-se! Mexa-se! Movimente-se!	113
28	ADOTE AS 7 MÁXIMAS DO CÉREBRO! Faça dos Hábitos uma Segunda Natureza	117
29	BALIZE SUA VIDA PELOS VALORES E PELA ÉTICA! Seu Caráter Reflete a sua Essência!	121
30	SUA QUALIDADE DE VIDA É FUNDAMENTAL! Sucesso Profissional é Necessário, Mas Não Suficiente!	125
31	FAÇA SUA AUTO-AVALIAÇÃO COMO PESSOA! Seja Hoje Melhor do que Foi Ontem!	129
32	DESENHE O MAPA DE SUAS CONQUISTAS! Não Escreveu? Não Fotografou? Dançou!	133
33	CELEBRE SEMPRE AS SUAS VITÓRIAS! E o Prêmio Vai para...VOCÊ!	137
34	VOCÊ PERTENCE À RAÇA HUMANA! Possui a Genética do Vencedor!	141
35	DIGA DE CORAÇÃO: OBRIGADO! OBRIGADA! Viva o Meu Sucesso Pessoal e Profissional!	145

SUCESSO 1

GRITE BEM ALTO: BASTA!
Abaixo o Paradigma do Fracasso!

ABAIXO. É preciso dar um basta e um basta definitivo! Chega de ensinar e programar pessoas para o fracasso! A educação tradicional, na família e na escola, preparou-nos para perder. E, pior, "domesticou-nos" a ponto de aceitar passiva e naturalmente a derrota.

Dois exemplos são suficientes para ilustrar a Pedagogia do Fracasso utilizada na família e na escola.

USANDO A PEDAGOGIA DO FRACASSO NA FAMÍLIA

Eis o que dizem alguns pais.
- *"Você vai cair... vai cair... Eu não disse que você ia cair?"*

O que passa na cabeça da criança que ouve seus pais afirmarem que ela vai cair?

- *"Eu amo meus pais, que sabem bem mais do que eu. Se dizem que vou cair é porque eu vou cair."*

O QUE O CÉREBRO INFANTIL REGISTRA?

Se a criança diz ao seu cérebro que vai cair, ele, por ser muito obediente, se programa para cair! Trata-se de uma profecia auto-realizada. E lá vai o filho ou a filha para o chão estatelado ou estatelada!

E a "cantilena" da família velha continua por anos e anos a fio: "você vai ser reprovada"; "vai perder a prova de natação"; "isto não vai dar certo".

USANDO A PEDAGOGIA DO FRACASSO NA ESCOLA

Eis o que dizem professores:

"VOCÊ NÃO VAI CONSEGUIR. É MUITO DIFÍCIL!"

O que passa na cabeça do estudante que ouve seus mestres afirmarem que ele não vai conseguir?

"ADMIRO TANTO MEUS PROFESSORES, QUE SABEM BEM MAIS DO QUE EU. SE DIZEM QUE NÃO VOU CONSEGUIR É PORQUE EU NÃO TENHO CAPACIDADE PARA FAZER ISTO".

O QUE O CÉREBRO REGISTRA?

Se o educando diz ao seu cérebro que não vai conseguir, o cérebro é muito obediente e se programa para não conseguir! Trata-se de uma profecia auto-realizada. E lá vai o estudante uma e outra vez para o "buraco"!

Visualize a cara da escola do passado. A testagem é quantitativa. Cobra o repeteco de informações, através de provas escritas. Busca determinar o que o aluno errou, o que não sabe, no que é fraco. O erro é culpa dos estudantes. Há classificação: os "mais capazes" (de decorar o conteúdo) recebem notas altas e têm sucesso; os "menos capazes" recebem notas baixas e são reprovados (derrota).

Estas instituições desconheciam o funcionamento do cérebro. Não sabiam que provas causam ansiedade e medo, emoções que têm o poder de bloquear a parte racional do cérebro, impedindo qualquer desempenho educacional desejável.

É a instituição de ensino do "rodar de ano" (perder um ano inteiro de vida por falta de 0,5 em Matemática); das críticas; das intimidações; dos rótulos (burro, tapado, imbecil, idiota). É a escola dos castigos, choro, semana de provas, "vestibulinho", pânico, estresse, nervosismo, ansiedade que paralisa, palavrões e ameaças. E, mais devastador ainda, a escola de uma "avaliação" (testagem) que mata.

Na escola, o erro não é aceito, as notas são usadas como punição e castigo. Ela diz categoricamente ao estudante: "você está reprovado: você é um fracasso". A reprovação ("levar uma bomba") vem acompanhada de desmoralização, desprezo, sofrimento, discriminação, gozações e humilhações. A instituição de ensino tradicional virou uma máquina de preparar e triturar perdedores. A organização cultua a reprovação e o fracasso. Separa os vencedores dos perdedores (joio do trigo). Antecipa e aceita calmamente a derrota dos alunos. E, em conseqüência, destrói aquilo que afeta o âmago do Ser Humano: a sua auto-estima!

Cada tombo, cada derrota, cada erro vai sendo colocado na cabeça da pessoa. Assim começa a ser construída a auto-imagem do fracassado! Junto vem o "medo" de *enfrentar desafios, que é indispensável para vencer*! O pior de tudo é que a maioria dos indivíduos não tem conhecimento disto. Está no cérebro guardado. Volta e meia aflora no consciente. E lá vem mais um estrago ou uma perda na vida do sujeito!

PROGRAMAÇÃO DA MENTE

A mente humana grava e executa tudo aquilo que lhe é mandado, seja através de palavras, pensamentos ou atos, seus ou de terceiros, positivos ou negativos. Basta que o indivíduo aceite e concorde! *Os cientistas conseguiram provar que a mente humana cumpre ao pé da letra o que é aceito e enviado pela pessoa, e que sua ação envolve todo o organismo, quer na parte psíquica quer na parte orgânica.* Os resultados de tais pesquisas se constituem em poderoso alerta: é preciso filtrar o que mandamos ao nosso cérebro, pois ele não distingue o real da fantasia, o certo do errado: simplesmente grava e executa o que constantemente está recebendo.

DESPROGRAMAÇÃO E REPROGRAMAÇÃO DA MENTE

Toda a programação mental ou cerebral negativa do passado (crenças, medos, condicionamentos) limita e restringe o que é no presente. Se decidir realizar uma reprogramação positiva, com certeza vai mudar a sua vida. Você tem todo o poder para fazer isto. Você construiu o cérebro que tem hoje: colocou lá dentro (autorizou que entrasse) tudo o que está lá, ao filtrar o que entrava e o que não entrava. O momento é agora para desconstruir (tirar o que não interessa) e reconstruir (colocar coisas novas). É hora de fazer uma nova modelagem mental.

Este *livro-coach* visa ajudar você a reprogramar seu cérebro. Comece substituindo o Paradigma do Fracasso pelo **Paradigma do Sucesso**. Inicie um novo pensar sobre si mesmo, certo de que irá melhorar seu desempenho. Principie um momento repleto de oportunidades de **ÊXITO PESSOAL E PROFISSIONAL**. Eduque o cérebro para que participe ativa e positivamente da missão de tornar você um **SER VENCEDOR!**

Convido você a subir o 1º degrau da fama! Com a decisão de construir uma nova mente, vá até a página seguinte, onde uma dinâmica de aprendizagem lhe espera!

Agenda do Sucesso

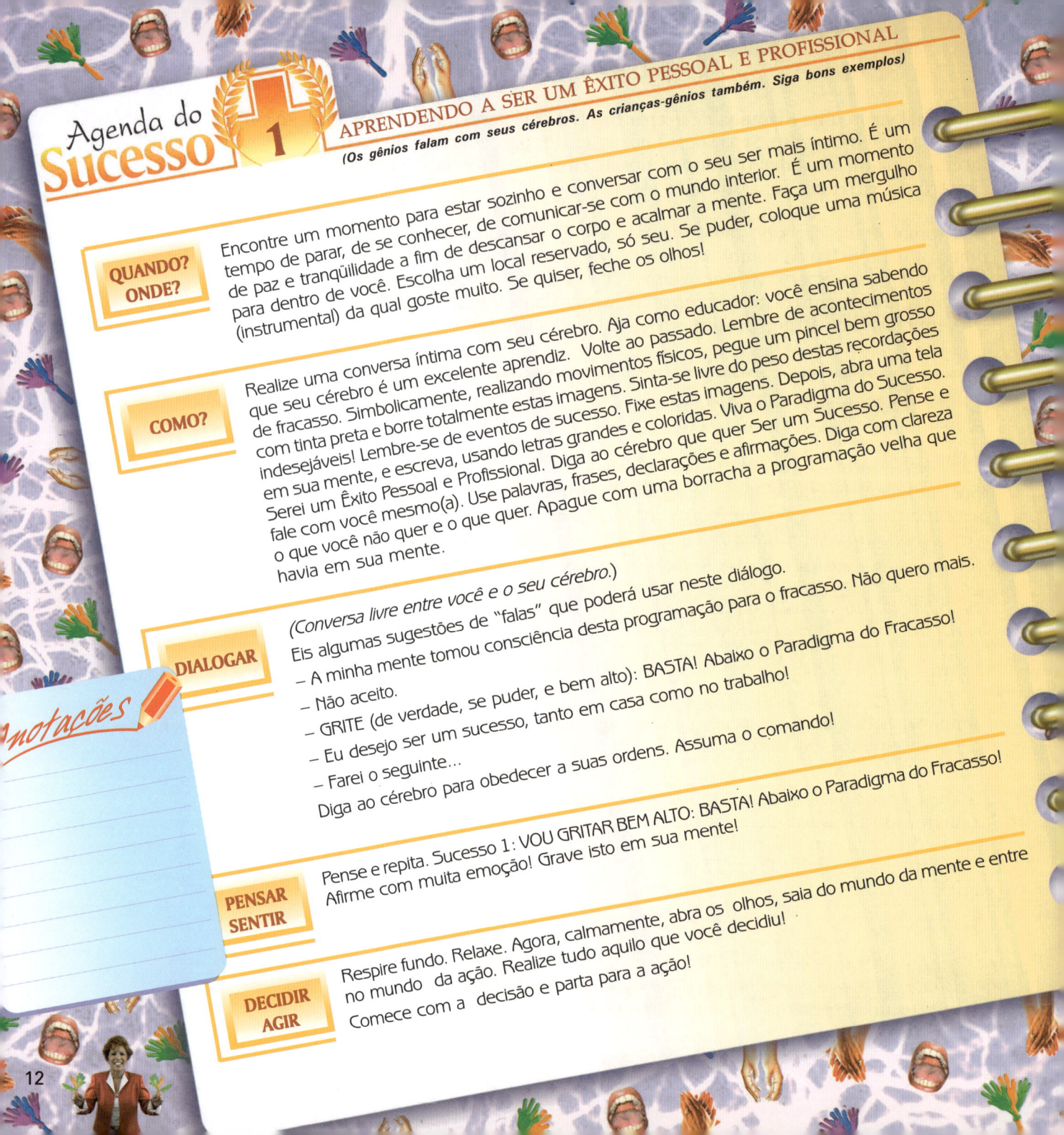

1 — APRENDENDO A SER UM ÊXITO PESSOAL E PROFISSIONAL
(Os gênios falam com seus cérebros. As crianças-gênios também. Siga bons exemplos)

QUANDO? ONDE?
Encontre um momento para estar sozinho e conversar com o seu ser mais íntimo. É um tempo de parar, de se conhecer, de comunicar-se com o mundo interior. É um momento de paz e tranqüilidade a fim de descansar o corpo e acalmar a mente. Faça um mergulho para dentro de você. Escolha um local reservado, só seu. Se puder, coloque uma música (instrumental) da qual goste muito. Se quiser, feche os olhos!

COMO?
Realize uma conversa íntima com seu cérebro. Aja como educador: você ensina sabendo que seu cérebro é um excelente aprendiz. Volte ao passado. Lembre de acontecimentos de fracasso. Simbolicamente, realizando movimentos físicos, pegue um pincel bem grosso com tinta preta e borre totalmente estas imagens. Sinta-se livre do peso destas recordações indesejáveis! Lembre-se de eventos de sucesso. Fixe estas imagens. Depois, abra uma tela em sua mente, e escreva, usando letras grandes e coloridas. Viva o Paradigma do Sucesso. Pense e fale com você mesmo(a). Use palavras, frases, declarações e afirmações. Diga com clareza o que você não quer e o que quer. Apague com uma borracha a programação velha que havia em sua mente.

DIALOGAR
(Conversa livre entre você e o seu cérebro.)
Eis algumas sugestões de "falas" que poderá usar neste diálogo.
– A minha mente tomou consciência desta programação para o fracasso. Não quero mais.
– Não aceito.
– GRITE (de verdade, se puder, e bem alto): BASTA! Abaixo o Paradigma do Fracasso!
– Eu desejo ser um sucesso, tanto em casa como no trabalho!
– Farei o seguinte...
Diga ao cérebro para obedecer a suas ordens. Assuma o comando!

PENSAR SENTIR
Pense e repita. Sucesso 1: VOU GRITAR BEM ALTO: BASTA! Abaixo o Paradigma do Fracasso!
Afirme com muita emoção! Grave isto em sua mente!

DECIDIR AGIR
Respire fundo. Relaxe. Agora, calmamente, abra os olhos, saia do mundo da mente e entre no mundo da ação. Realize tudo aquilo que você decidiu!
Comece com a decisão e parta para a ação!

Anotações

12

SUCESSO 2

VOCÊ É UM SER INTEIRO EM TUDO O QUE REALIZA!
Existe e Sente, Logo Pensa!

2ª ONDA: SOCIEDADE INDUSTRIAL

Alvin Toffler, no seu famoso modelo das Ondas de Mudança, fala da Sociedade Industrial (2ª Onda), cuja principal fonte de emprego é a atividade fabril, realizada por uma mão-de-obra barata e de baixa qualificação, que realiza tarefas rotineiras e repetitivas. O estilo de administração era autoritário: o patrão mandava e o operário obedecia. O pensar era exclusivo dos chefes. Um diálogo imaginário entre quem manda e quem obedece poderia transcorrer mais ou menos assim:

- "Mas, Patrão, eu pensei que...".
- "Ouça bem... operário... subordinado..."
- "Eu pago para você obedecer e não para pensar".
- "Faça o que mandei e faça agora...".
- "Se não fizer direito... desconto no salário".
- "Se errar já sabe...

RUAAAAAAAAAAA!"...

O ambiente é de dominação e submissão: muitas ameaças, críticas, coerção, controle, desconfiança, medo e castigo. Prevalece a ditadura das normas, a ditadura do NÃO. Travava-se assim uma luta surda entre os adversários: chefe e chefiado. A tarefa da escola da 2ª Onda era preparar o trabalhador manual, que seguia ordens, que repetia feito papagaio, que decorava e devolvia conteúdos.

"PENSO, LOGO EXISTO."

O século XX foi dominado por esta máxima de Descartes. A ênfase era colocada na pessoa racional, valorizando-se apenas metade ou parte do cérebro. É a visão do Ser Humano esfacelado, partido, incompleto.

3ª ONDA: SOCIEDADE DO CONHECIMENTO

O cenário muda radicalmente na democrática e participativa Sociedade do Conhecimento (3ª Onda). Há delegação de poder e autonomia. As relações são de parceria entre empregados e empregadores. Líderes e liderados trabalham e aprendem juntos: ambos pensam e fazem. A grande empregadora é a atividade cerebral (capacidade de usar o cérebro). Os profissionais são trabalhadores cerebrais, do conhecimento ou da inteligência. Há valorização das pessoas e das equipes. Estimulam-se a união e a cooperação. Há respeito e elogios, confiança e descontração. Existe SIM, liberdade para arriscar, na busca de soluções para os desafios. A tarefa da escola da 3ª Onda é educar o talento que vai criar o futuro.

"EXISTO E SINTO, LOGO PENSO."

Agora, no século XXI, António Damásio, um dos mais famosos neurocientistas do mundo, a partir das novas pesquisas do cérebro, escreve o livro O Erro de Descartes e muda o paradigma. Primeiro, é preciso existir (num corpo biológico). Segundo, é preciso sentir (senão não pensa). Terceiro, então é possível pensar. Finalmente, chega-se à síntese da Pessoa Completa, do Ser Humano Inteiro. Corpo, Emoção e Razão são inseparáveis: uma unidade indivisível. É a visão holística e íntegra. É a inteireza do Ser, como afirma o filósofo Roberto Crema.

PERFIL DO PROFISSIONAL QUE ESTÁ COMPLETO AO REALIZAR SUAS TAREFAS

As empresas contemporâneas procuram e valorizam o Ser Humano Inteiro, aquele que leva o corpo, o coração e o cérebro para o emprego, e que afirma:

– Eu domino um conjunto básico de conhecimentos (gerais e técnicos) que utilizo para desempenhar-me com a maior proficiência. Eu penso, sinto e faço coisas acontecerem. Crio idéias e soluções novas para os problemas. Planejo e avalio os resultados de um projeto. Agrego valor à estratégia empresarial. Colaboro com os membros das equipes. Sei convencer as pessoas que estou liderando. Busco e organizo informações no computador. Falo em público, usando visuais. Negocio em inglês. Busco a excelência sempre. Sou responsável e ético no trabalho.

Portanto, eis as competências e os valores esperados do Trabalhador Cerebral:
- inovar (raciocinar, criar, imaginar);
- resolver conflitos e problemas (formular hipóteses e avaliar);
- tomar decisões (investigar e assumir riscos);
- liderar pessoas (persuadir e negociar);
- comunicar idéias (ler, escrever e falar usando imagens);
- dominar outras línguas (inglês obrigatório; espanhol opcional);
- usar o computador (diferentes programas, e-mail e Internet);
- desenvolver projetos em Times (em colaboração);
- demonstrar elevada auto-estima (auto-imagem positiva); e
- ter ética, integridade, honestidade e responsabilidade.

VOCÊ: UM SER HUMANO INTEIRO

Quanto mais conhecimentos fundamentais, competências e valores essenciais você possuir, melhores serão os resultados e maiores as chances de vitória. Esteja sempre inteiro, em qualquer lugar que for. Somente íntegro terá condições de ser feliz e ser um êxito. Veja-se pronto e completo, agora. Deixe o sentimento maravilhoso de possuir unidade, inteireza e completeza tomar conta de você. Coloque-se todo em tudo que fizer, seja em casa ou no trabalho. Concentre-se naquilo que estiver fazendo, no momento. Aproveite e use todo o poder fantástico da sua mente para realizar cada atividade com elevado nível de qualidade.

Sugiro que suba o segundo degrau da fama, acompanhado pelo grande poeta português Fernando Pessoa (pseudônimo Ricardo Reis) que de forma tão perfeita coloca o seguinte pensamento que pode inspirar mais um passo em sua caminhada:

Para Ser Grande, se inteiro; nada teu exagera ou exclui. Se todo em cada coisa. Põe quanto tu és no mínimo que fazes...

Agenda do Sucesso 2

APRENDENDO A SER UM ÊXITO PESSOAL E PROFISSIONAL

(Os gênios falam com seus cérebros. As crianças-gênios também. Siga bons exemplos)

QUANDO? ONDE?
Encontre um momento para estar sozinho, conversar com o seu ser mais íntimo, descansar o corpo e acalmar a mente. Mergulhe para dentro de você. Escolha um local reservado. Se puder, coloque uma música (instrumental) da qual goste muito.

COMO?
Continue com a conversa íntima, para educar seu cérebro, usando a PEDAGOGIA DO DIÁLOGO! Feche os olhos. Sinta sua respiração e o bater do coração. Lembre-se de eventos em que estava esfacelado e incompleto. Simbolicamente, livre-se destas imagens com movimentos físicos de pegar um carvão e borrar. Lembre-se de eventos em que estava completo, um Ser Inteiro. Fixe estas imagens. Visualize-se por inteiro, todas as suas partes: cabeça, tronco, membros. Veja seu rosto, suas mãos, suas pernas. Sinta-se belo ou bela. Encha-se do sentimento maravilhoso de possuir unidade. Registre na tela que abriu em sua mente, usando letras grandes e coloridas: Eu sou um ser inteiro em tudo o que faço. Existo e sinto, logo penso. Diga ao cérebro que onde você for quer levar junto o seu corpo, o seu coração e o seu cérebro. Pense e fale om mesmo(a). Use palavras, frases, afirmações. Diga com clareza o que quer e o que vai fazer. Construa uma imagem clara no cérebro do novo comportamento desejado.

DIALOGAR
(Conversa livre entre você e o seu cérebro)
Eis algumas sugestões de "falas" que poderá usar neste diálogo.
– Sou um trabalhador cerebral da Sociedade do Conhecimento.
– Tenho o perfil de um profissional que está completo e íntegro ao realizar todas as suas tarefas e atividades.
– Vou fazer o seguinte...
Diga ao cérebro para obedecer a suas ordens. Assuma o comando!

PENSAR SENTIR
Pense e repita. Sucesso 2: EU SOU UM SER INTEIRO EM TUDO O QUE REALIZO!
Eu existo e sinto, logo penso!
Afirme com muita emoção! Grave isto em sua mente!

DECIDIR AGIR
Respire fundo. Relaxe. Agora, calmamente, abra os olhos, saia do mundo da mente e entre no mundo da ação. Realize tudo aquilo que você decidiu!
Comece com a decisão e parta para a ação!

Anotações

VOCÊ TEM UM CÉREBRO SUPERPODEROSO!
Conheça-o Muito Bem!

SUCESSO 3

Cérebro Único. Você possui um cérebro único. Não existe outro igual. É um órgão distintivo que, em cada indivíduo, resulta da interação dinâmica entre natureza (genética) e ambiente (estimulação). Conhecê-lo bem é condição essencial para usá-lo bem, que, por sua vez, é condição essencial para você alcançar o sucesso que deseja. Portanto, vamos lá ao que é básico.

Sistemas Interno e Externo. O cérebro humano é a forma mais complexa de organização da matéria no universo. Como Robert Sylwester explica, o cérebro está estruturado em dois sistemas inter-relacionados que dividem a tarefa de (1) focar nas necessidades internas do organismo e (2) interagir com o meio externo.

Sistema Interno. Os órgãos e sistemas do corpo se ligam ao cérebro através do tronco cerebral e do sistema límbico. Juntos, eles regulam as funções corporais: respiração, apetite, defesa, sono e sexualidade. Juntos, também, eles respondem pelas nossas necessidades de atenção, alimentação, de sobrevivência e emocionais.

O tronco cerebral (encefálico) controla as funções vitais básicas. Conectado ao tronco está o cerebelo, responsável pelo movimento e o equilíbrio do corpo. Nele, são guardadas memórias de procedimentos (como nadar, pular corda, saltar) e memórias automáticas (alfabeto).

O sistema límbico regula as emoções. Ele é tão poderoso que pode anular tanto os pensamentos racionais como as respostas vitais. A amígdala é o centro emocional do sistema límbico. Ela é responsável por qualquer resposta emocional. O hipocampo é uma estrutura fundamental para o armazenamento da memória.

Este Sistema Interno é o Centro da Sobrevivência, com dois mecanismos: Emoção e Atenção.

Sistema Externo. O córtex ocupa 85% da área cerebral, responsabilizando-se pela interação do sujeito com o seu meio ambiente externo. O córtex pré-frontal é a área associada ao pensamento racional, à cognição e à consciência. Esta é a parte do cérebro que nos permite estar consciente sobre o que pensamos (metacognição). Temos usado o córtex para nos comunicar, compor óperas, escrever poesias, desenvolver a linguagem, formular a teoria quântica, planejar uma catedral, viajar no espaço. Tudo isto e muito mais nos tornam uma espécie única: a humana.

Este Sistema Externo é o Centro da Razão, onde se desenvolvem e acontecem as habilidades de pensamento superior.

Dois Hemisférios. Anatomicamente o cérebro está partido ao meio. Os dois hemisférios se comunicam através de um feixe de fibras nervosas, denominado corpo caloso. Eles processam as coisas diferentemente. O hemisfério esquerdo tem um papel mais proeminente em processar a linguagem, matemática e o pensamento lógico. O hemisfério direito, por sua vez, é mais destacado em processar as emoções. As pesquisas mostram que esta divisão de funções não é estanque. Apesar de trazerem diferentes perspectivas, os hemisférios direito e esquerdo colaboram para produzir uma experiência mental unificada. Ambos os lados estão envolvidos em praticamente todas as atividades humanas. Nós usamos o cérebro inteiro para existir e funcionar.

Comunicação entre Neurônios. O cérebro está organizado numa vasta rede de 100 bilhões de neurônios. Os neurônios constantemente estabelecem conexões e se comunicam. Este processo de comunicação dos neurônios é eletroquímico, havendo, portanto, uma descarga de energia. Tudo o que você faz (falar, mover um dedo, dirigir carro, pensar, criar, aprender, amar, brincar...) acontece a partir de uma conexão entre diversos neurônios.

O neurônio é constituído de três partes: corpo do neurônio, axônio e dendrite. A conversa entre dois neurônios acontece da seguinte forma. O axônio do primeiro neurônio envia a mensagem e o dendrite do segundo neurônio recebe. A informação navega através de um espaço chamado sinapse. A informação recebida é uma informação química, que se traduz num impulso elétrico. Os dendrites e axônios dos dois neurônios não se tocam. No momento da sinapse, quando os neurônios se comunicam, são produzidas substâncias chamadas neurotransmissores, como endorfina, serotonina, dopamina. Para estabelecer conexões, o cérebro produz mais de 50 neurotransmissores.

O Cérebro Não é uma Máquina. Longe vai o tempo em que a metáfora aceita era o cérebro semelhante a um computador. Gerald Edelman, do Instituto de Neurociência de San Diego-Califórnia, Estados Unidos, ganhador do Prêmio Nobel, afirma que a comparação não é tecnológica e sim ecológica. Ele vê similaridades entre a rica ecologia da floresta tropical e o desenvolvimento gradual da rede de neurônios do cérebro. Como uma floresta, o cérebro está ativo algumas vezes, quieto outras, mas sempre cheio de vida. Semelhante à selva, o cérebro tem regiões distintas para lidar com várias funções mentais, tais como pensar, sexualidade, memória, emoções, respiração e criatividade. Ambos, as plantas e animais e a rede de neurônios, funcionam tanto de forma competitiva como cooperativa, respondendo aos desafios do ambiente. A lei da selva, assim como a do cérebro, é a sobrevivência. O cérebro foi desenhado para a sobrevivência!

Os anos 90 foram batizados como a Década do Cérebro, devido às inúmeras pesquisas da neurociência realizadas nos mais diversos países do mundo. Excelentes obras em português estão disponíveis sobre o tema. Sugiro que você estude, conheça e aprenda mais para poder comandar bem o seu Cérebro Superpoderoso!

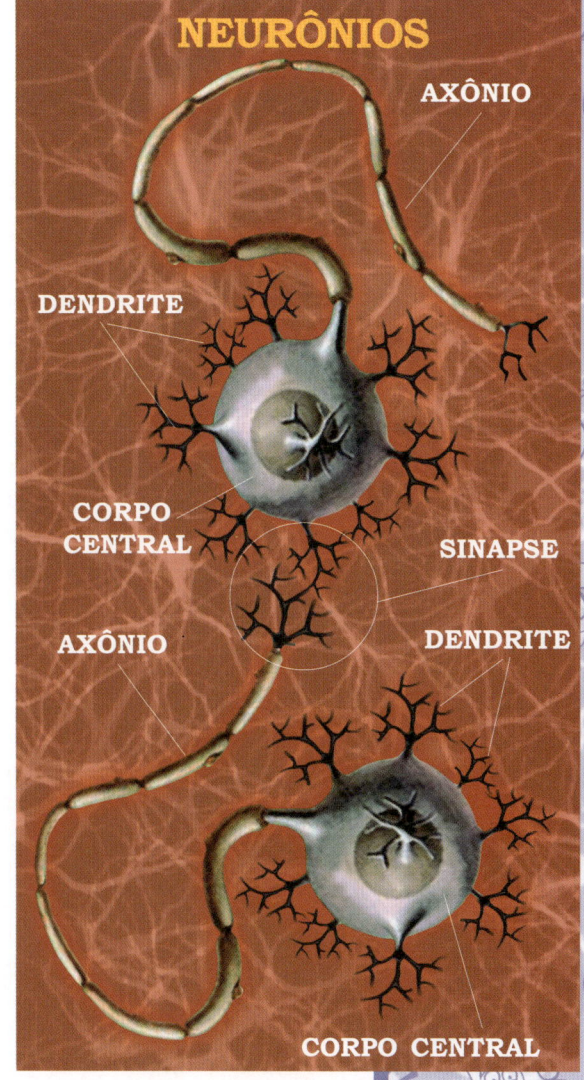

NEURÔNIOS
- AXÔNIO
- DENDRITE
- CORPO CENTRAL
- SINAPSE
- AXÔNIO
- DENDRITE
- CORPO CENTRAL

Está na hora de dar mais um passo na escalada que o(a) levará à vitória!

Agenda do Sucesso 3

APRENDENDO A SER UM ÊXITO PESSOAL E PROFISSIONAL
(Os gênios falam com seus cérebros. As crianças-gênios também. Siga bons exemplos)

QUANDO? ONDE?
Encontre um momento para estar sozinho, conversar com o seu ser mais íntimo, descansar o corpo e acalmar a mente. Mergulhe para dentro de você. Escolha um local reservado. Se puder, coloque uma música (instrumental) da qual goste muito.

COMO?
Continue com a conversa usando a PEDAGOGIA DO DIÁLOGO! Feche os olhos. Sinta sua respiração e o bater do coração. Alegre-se, pois possui um cérebro único. Visualize seu funcionamento. Veja o sistema límbico das emoções, que estão em equilíbrio, agora. Bem no centro imagine a amígdala (pequena noz), cuidando para que tudo saia bem. Lembre-se de tantos momentos em que se emocionou. Visualize o seu córtex, onde acontecem pensamentos racionais: a sede da sua consciência. Recorde as muitas coisas que seu córtex possibilitou que você realizasse. Imagine os dois hemisférios cerebrais ativos, permitindo que exista e funcione. Veja-se brincando, rindo, aprendendo, criando. Procure visualizar os neurônios se comunicando e as sinapses. Fixe todas estas imagens. Depois, registre na tela que abriu em sua mente, usando letras grandes e coloridas: Eu tenho um cérebro superpoderoso, preciso conhecê-lo muito bem. Diga ao cérebro que sabe do seu poder fantástico. Pense e fale com você mesmo(a). Use palavras, frases, afirmações. Diga com clareza o que quer e o que vai fazer.

DIALOGAR
(Conversa livre entre você e o seu cérebro)
Eis algumas sugestões de "falas" que poderá usar neste diálogo.
– Ei, meu cérebro, como é poderoso! Merece palmas!
– Vou aprender mais sobre...
– Graças a você pude...
Diga ao cérebro para obedecer a suas ordens. Assuma o comando!

PENSAR SENTIR
Pense e repita. Sucesso 3: TENHO UM CÉREBRO SUPERPODEROSO! Eu vou conhecê-lo muito bem!
Afirme com muita emoção! Grave isto em sua mente!

DECIDIR AGIR
Respire fundo. Relaxe. Calmamente, abra os olhos, saia do mundo da mente e entre no mundo da ação. Realize tudo aquilo que você decidiu!
Comece com a decisão e parta para a ação!

Anotações

SUCESSO 4

VOCÊ TEM UM CÉREBRO SUPERPODEROSO!
Comande-o com a Razão e a Emoção!

Há séculos somos dominados pela razão. Emoção era coisa de mulher, irracional. (HA! HA! HA!). E o "cordão das mulheres de sucesso" cada vez aumenta mais...

Na verdade, éramos alfabetizados no pensar e analfabetos no sentir!

Na última década, com o rápido desenvolvimento da ciência do cérebro, **está definitivamente estabelecido o relevante papel que as emoções desempenham na nossa vida diária.** O divórcio entre a razão e a emoção é um mito; não tem sustentação científica. Trata-se de uma visão ultrapassada. É impossível privilegiar uma sobre a outra. Em suas pesquisas, António Damásio comprova que há uma ligação perfeita **entre cérebro racional e cérebro emocional.**

Para tomar qualquer decisão, por exemplo comprar um carro novo, é indispensável que razão e emoção trabalhem juntas, como parceiras, numa convivência harmoniosa. Do contrário, a decisão será o maior desastre.

Veja como a razão e a emoção se entrelaçam num evento corriqueiro. Ao conversar com outra pessoa, por exemplo, o hemisfério esquerdo processa o que foi dito (conteúdo racional: informações) e o hemisfério direito como foi dito (conteúdo emocional: expressões faciais, voz, gestos, entonação).

O córtex está ligado diretamente ao sistema límbico. Uma onda de emoção pode obstruir o pensamento. Uma tarefa cognitiva árdua pode sufocar a emoção. Emoções e pensamentos têm origem em locais diferentes do cérebro, mas seus caminhos geralmente se encontram no córtex órbito-frontal. Assim, de certa forma, eles se tornam inseparáveis.

A emoção, sem dúvida, influencia poderosamente a qualidade do pensar (razão). O que acontece quando você realiza um trabalho com alegria e vibração? Neste caso, seu pensamento anda rápido e você tem muitas e brilhantes idéias. Que ótimo! E quando realiza outra tarefa com tristeza e desânimo? Neste segundo caso, seu pensamento é mais lento e as idéias acontecem devagar, "a conta-gotas". Que pena! E a sua produtividade para onde vai? Diretamente para o ralo!

Você sempre soube que a razão é importante. Agora, entenda um pouquinho mais por que a emoção é fundamental para a sua sobrevivência.

O que acontece no seu cérebro numa situação de perigo? A amígdala inicia um processo de dar uma resposta: "fugir" ou "enfrentar". **Atenção**: é a parte emocional do cérebro que começa. Bom para você, pois ela é muito mais rápida do que a racional! Dr. Sylwester diz que quando a amígdala toma a precedência da ação, reagindo rapidamente, acontece uma resposta reativa. Como nosso cérebro não distingue entre uma ameaça real e uma psicológica, a pressão sangüínea sobe. O pulmão produz mais oxigênio. A digestão e a ação do sistema imunológico são suspensas. O fígado produz mais glicose. Enquanto tudo isto está acontecendo, ao mesmo tempo, enquanto a amígdala "seqüestra o cérebro", o que faz o córtex racional? Ele está parado, esperando. Isto porque a *tarefa do córtex é dar uma resposta reflexiva*. E tal resposta - pesada e pensada - exige mais tempo.

O córtex pré-frontal é a estrutura do cérebro que age como o lógico tomador de decisões. O **córtex pré-frontal** pode e deve ajudar você a lidar com suas emoções.

É exatamente aqui que começa a sua responsabilidade nesta história. Cabe a você "acabar com a briga" e "equilibrar o que sente e o que pensa"! Está em suas mãos "resolver" esta luta, tornando-se cada vez mais competente em lidar tanto com o racional como com o emocional. No racional, você já deve estar craque, afinal são anos de aprendizado, na escola e na vida. Agora, então, é preciso dar uma atenção privilegiada ao emocional. Se conseguir, palmas para você, pois ambos trabalharão juntos, a favor de seu projeto de vida com vitória.

Como conseguir uma gestão interna que lhe traga os bons resultados desejados?

Com uma boa dose de aprendizado pessoal. Fazendo crescer suas informações sobre a razão e a emoção. Aumentando o conhecimento sobre você mesmo(a): o que o torna humano, quais suas emoções, quais seus sentimentos, que pensamentos lhe dominam. Expandindo suas experiências e vivências emocionais e racionais.

Com uma boa dose de sabedoria que lhe permita viver uma vida inteligente, feliz e saudável. Usando bem a emoção, a fim de pensar cada vez melhor. Utilizando bem a razão, com vistas a tornar-se uma pessoa emocionalmente equilibrada.

Que tal verificar como anda sua gestão interna? Proponho um teste. É muito difícil, mas você consegue! Pode dar uma boa risada: é apenas uma brincadeirinha.

SITUAÇÃO:
Você é dono ou dona de uma empresa. Para enfrentar um problema importante da organização, resolve convocar uma reunião com seus 10 auxiliares diretos, no início do expediente da manhã. O encontro começa no horário, com 9 pessoas. Meia hora depois chega o profissional que faltava. Como você reage?

Opção A: Você pensa: Isto é uma falta de respeito. Não vou admitir. Preciso dar uma boa lição neste pessoal. Você decide dar a "maior bronca", na frente de todos!

Opção B: Você pensa e se faz algumas perguntas. O que poderá ter acontecido? Doença? Acidente no trânsito? Viagem inesperada? Você decide conversar com o profissional em particular, quando dirá a ele que desaprova tal comportamento.

A Opção A indica que sua razão não está atuando bem no sentido de controlar as suas emoções. É preciso melhorar e este livro pode ajudar.

A Opção B mostra que a sua razão está agindo positivamente no sentido de resolver de forma equilibrada os problemas. Muito bom! Se aprender mais, poderá se tornar ainda mais competente! Este livro pode ajudar.

Suba outro degrau da fama. Guarde esta linda mensagem, de um poeta desconhecido, com a qual gosto de encerrar algumas de minhas palestras.

"Nada chegará ao Cérebro se não passar primeiro pelo Coração."

Agenda do Sucesso 4

APRENDENDO A SER UM ÊXITO PESSOAL E PROFISSIONAL
(Os gênios falam com seus cérebros. As crianças-gênios também. Siga bons exemplos)

QUANDO? ONDE?
Encontre um momento para estar sozinho, conversar com o seu ser mais íntimo, descansar o corpo e acalmar a mente. Mergulhe para dentro de você. Escolha um local reservado. Se puder, coloque uma música (instrumental) da qual goste muito.

COMO?
Continue com a conversa, usando a PEDAGOGIA DO DIÁLOGO. Feche os olhos. Sinta sua respiração e o bater do coração. Lembre-se de eventos em que houve uma briga entre o seu pensar e o seu sentir. Simbolicamente, realizando movimentos físicos, rasgue estas imagens. Recorde situações em que seu cérebro trabalhou muito bem: COM A RAZÃO e COM A EMOÇÃO. Fixe estas imagens. Visualize-se tendo uma gestão interna com bons resultados. Registre na tela da sua mente, com letras grandes e coloridas: Eu tenho um cérebro superpoderoso, vou comandá-lo com a razão e a emoção. Diga palavras que agradem seu cérebro. Crie uma musiquinha, ou um versinho ou uma frase para valorizar tanto o cérebro emocional como o cérebro racional. Pense e fale com você mesmo(a). Use palavras, frases, afirmações. Diga com clareza o que quer e o que vai fazer. Construa uma imagem clara no cérebro do novo comportamento desejado.

DIALOGAR
(Conversa livre entre você e o seu cérebro).
Eis algumas sugestões de "falas" que poderá usar neste diálogo.
– Meu cérebro: você é superpoderoso, é o máximo, é genial.
– Quero ser alfabetizada(o) tanto no pensar como no sentir.
– Quero que minhas emoções me ajudem a pensar melhor.
– Quero que a razão me ajude a reagir melhor emocionalmente!
– Eu vou fazer o seguinte...
Diga ao cérebro para obedecer a suas ordens. Assuma o comando!

PENSAR SENTIR
Pense e repita. Sucesso 4: EU TENHO UM CÉREBRO SUPERPODEROSO! Vou comandá-lo com a Razão e a Emoção!
Afirme com muita emoção! Grave isso em sua mente!

DECIDIR AGIR
Respire fundo. Relaxe. Agora, calmamente, abra os olhos, saia do mundo da mente e entre no mundo da ação. Realize tudo aquilo que você decidiu!
Comece com a decisão e parta para a ação!

Anotações

VOCÊ É UM SER EMOCIONAL, QUE PENSA!
O Poder das Emoções e dos Sentimentos!

As últimas descobertas da neurociência indicam que o cérebro é uma caixa de emoções. Em decorrência, os estudiosos afirmam que o Ser Humano é um Ser Emocional, que pensa! Mais uma bomba, colocando abaixo crenças seculares!

EMOÇÕES INCONSCIENTES

Todas as pessoas são tomadas por emoções, durante a vida inteira: algumas mais fracas, outras mais fortes; algumas agradáveis e outras desagradáveis. Os especialistas concordam ao listar seis principais emoções.

Alegria (felicidade; prazer; satisfação; bom humor; euforia) que se sente quando o filho ou filha se forma na universidade. **Tristeza** (sofrimento; desânimo; solidão; melancolia) que se sente quando se perde um ente querido. **Nojo** (desprezo; aversão; antipatia; repugnância) que se sente ao comer um alimento estragado. **Surpresa** (choque; espanto; pasmo) que se sente ao receber a notícia de um aumento de salário. **Raiva** (fúria; ira; revolta; irritabilidade; hostilidade) que se sente quando a pessoa é ofendida. **Medo** (pavor; susto; terror; ansiedade) que se sente quando se encontra um assaltante, no escuro, à noite.

Vimos que as emoções têm o imenso poder de esmagar a racionalidade, mudar a respiração, além de suspender o funcionamento normal do sistema imunológico. As emoções funcionam como uma cola que junta corpo e cérebro, regulando as atividades de ambos. Ao ser tomado de determinada emoção, por exemplo a raiva, o cérebro produz um neurotransmissor, as catecolaminas, que aumentam a disposição de brigar. Por outro lado, ao ser tomado de alegria, o cérebro produz a dopamina que estimula o prazer e a adrenalina que aumenta a excitação.

Sylwester considera a emoção como o nosso termostato biológico, essencial para a cognição. A emoção é um processo inato, poderoso e principalmente inconsciente, perceptível através da linguagem corporal. Ela alerta para perigos e oportunidades. Apesar de não definir ou resolver o desafio, a explosão emocional pode influir na direção da resposta. A emoção chama atenção para tipos específicos de problemas. Ela põe em funcionamento nosso sistema de atenção, que identifica a dinâmica do desafio, e então ativa processos relevantes de solução de problemas que irão conscientemente responder ao desafio. Assim, tudo o que fazemos começa com a emoção, que é uma reação automática e inconsciente.

SENTIMENTOS CONSCIENTES

O cientista António Damásio sugere que sentimentos conscientes podem ser ativados em nosso cérebro, quando há uma explosão emocional. Os sentimentos nos permitem fugir dos comportamentos programados, efetuar uma exploração consciente dos problemas e chegar a soluções racionais para vários dos desafios modernos. A emoção vem primeiro. A razão e o sentimento, fenômenos mais complexos, vêm depois. Há uma precedência histórica e necessária da emoção. Os sentimentos são fundamentais para se criar um espaço de livre arbítrio. Os sentimentos são indispensáveis a fim de se conseguir deliberar e concluir, por exemplo, que "não se deve matar".

Sylwester diz que o córtex é responsável por regular os nossos estados emocionais e julgamentos, controlando comportamentos ilegais, imorais e destrutivos. O cérebro pensante, como tem fortes ligações com o sistema límbico, regula a vida emocional, **os sentimentos de empatia, compaixão e altruísmo.**

Outros sentimentos podem ser enumerados. **Amor** ("bem-querer": pelos pais, cônjuge, filhos, amigos). **Vergonha** (culpa, vexame, humilhação). **Coragem. Gratidão. Júbilo. Esperança. Decepção. Confiança. Saudade.**

Num extremo, encontra-se a **inveja**, sentimento altamente destruidor; no outro, o perdão, altamente libertador. **Perdão** é um presente de mão dupla: para quem dá e para quem recebe! Mais para a pessoa que perdoa, talvez porque tira dela um peso e livra-a de uma mágoa. Além disso, dá ao indivíduo a sensação de poder (ser capaz de perdoar) e manda uma mensagem de paz a sua mente ("está tudo bem").

> *Os fracos nunca conseguem perdoar. Perdoar é um atributo dos fortes.*
> (Gandhi)

PODER DAS EMOÇÕES E SENTIMENTOS

Tome posse destas novas constatações científicas. Você é um Ser Emocional, que Pensa. É tomado de belas e intensas emoções. É capaz de demonstrar os mais nobres sentimentos. Quando isto acontece, seu cérebro produz substâncias químicas: a endorfina e a serotonina que dão a você uma sensação maravilhosa de bem-estar. Seu cérebro libera, naturalmente, estes neurotransmissores como resultado de um sorriso, um toque afirmativo (apertar mãos; bater nas costas; dar parabéns) ou um relacionamento humano significativo. Ao demonstrar compaixão para com o seu próximo, emoções maravilhosas de alegria e prazer tomarão conta de todo o seu ser (tanto do corpo como da mente).

O cérebro reage em função das nossas emoções. É essencial, portanto, dar muita atenção a elas. Nuno Cobra afirma: *"Você só chega até onde acha que pode chegar... Está em nossas mãos. Podemos vencer ou perder. E o mais incrível é que não depende de ninguém, além de nós mesmos – e das nossas emoções".*

É preciso ter consciência do poder das emoções e dos sentimentos e usá-lo a seu favor. Você está consciente que está triste. Vai ficar assim por quanto tempo? Esta resposta exige uma escolha e uma decisão. Em seguida, é preciso uma ação efetiva: a mudança do estado emocional. Emoções e sentimentos expressos em ações são mais significativos e impactantes do que os expressos apenas em palavras!

Dê mais um passo no caminho da fama, encantando o seu coração e a sua mente com a beleza e a sabedoria deste verso de Adélia Prado.

> *Minha mãe achava estudo a coisa mais fina do mundo. Não é.*
> *A coisa mais fina do mundo é o sentimento.*

Agenda do Sucesso 5

APRENDENDO A SER UM ÊXITO PESSOAL E PROFISSIONAL
(Os gênios falam com seus cérebros. As crianças-gênios também. Siga bons exemplos)

QUANDO? ONDE?
Encontre um momento para estar sozinho, conversar com o seu ser mais íntimo, descansar o corpo e acalmar a mente. Mergulhe para dentro de você. Escolha um local reservado. Se puder, coloque uma música (instrumental) da qual goste muito.

COMO?
Continue com a PEDAGOGIA DO DIÁLOGO! Feche os olhos. Sinta sua respiração. Ouça o bater do coração. Recorde situações em que sentiu intensas emoções negativas. Simbolicamente, realizando movimentos físicos, rasgue estas imagens. Lembre-se de eventos em que sentiu intensas emoções positivas. Recorde momentos em que foi tomado de belos e nobres sentimentos. Busque na memória um episódio em que perdoou outra pessoa. Lembre o que aconteceu. Sinta novamente a paz que tomou conta de sua mente. Sinta-se um forte. Registre na tela de sua mente, usando letras grandes e coloridas: Eu sou um Ser Emocional, que pensa. Vou usar bem o poder das emoções e dos sentimentos. Diga ao cérebro que quer ter consciência de suas emoções e sentimentos a fim de usá-los a seu favor. Diga com clareza o que quer e o que vai fazer. Construa uma imagem clara no cérebro do novo comportamento desejado.

DIALOGAR
(Conversa livre entre você e o seu cérebro).
Eis algumas sugestões de "falas" que poderá usar neste diálogo.
– Aceito: "Eu sou um ser emocional, que pensa".
– Tenho consciência de minhas emoções e posso mudá-las.
– Sou capaz de nobres sentimentos.
– Vou vencer, pois sei que depende de mim e de minhas emoções.
– Eu quero...
Diga ao cérebro para obedecer a suas ordens. Assuma o comando!

PENSAR SENTIR
Pense e repita. Sucesso 5: EU SOU UM SER EMOCIONAL, QUE PENSA! Vou usar bem o poder das Emoções e dos Sentimentos!
Afirme com muita emoção! Grave isto em sua mente!

DECIDIR AGIR
Respire fundo. Relaxe. Agora, calmamente, abra os olhos, saia do mundo da mente e entre no mundo da ação. Realize tudo aquilo que você decidiu!
Comece com a decisão e parta para a ação!

Anotações

SUCESSO 6

CONTROLE SUAS EMOÇÕES!
Dê Atenção Especial para a Raiva!

QUAL A REAÇÃO DO CÉREBRO QUANDO A RAIVA ACONTECE?

Todos nós sentimos raiva. Neste momento a amígdala, o centro emocional, toma conta e "rapta" o cérebro. Ela comanda que o ritmo cardíaco aumente. Libera adrenalina, que anula a função racional. Ordena a produção das catecolaminas, aumentando a disposição de brigar. Manda sangue para as mãos, facilitando pegar armas e dar respostas violentas. Os sentimentos gerados são altamente negativos.

O QUE ACONTECE QUANDO A RAIVA TOMA CONTA DE VOCÊ?

Mauro adota o lema da música da Jovem Guarda: "Pode vir quente, que eu estou fervendo". Ele está no trânsito e Jorge lhe dá uma "fechada". Mauro sente muita raiva e perde o controle. Ele decide tomar uma das seguintes decisões:

Opção 1: Mauro começa uma briga, com socos e violência. Conseqüência: Mauro perde!

Opção 2: Mauro inicia uma discussão de boca. Jorge não dá bola: o cérebro dele não assume a raiva do outro ("Tô nem aí"). Conseqüência: Mauro perde!

Como fica Mauro? O cérebro dele produziu e jogou na sua corrente sangüínea uma enxurrada de toxinas. E o pior de tudo é que foi com a sua "autorização", com o seu "consentimento". Será que valeu a pena? Certamente que não valeu a pena!

Fique com esta conclusão relevante: sua raiva só destrói você! Não afeta o outro! Quem acumula ódio ou rancor está prestando um desserviço a si mesmo. Ao se deixar dominar pela raiva, saiba que o seu cérebro estará produzindo substâncias venenosas que podem lhe causar inúmeros prejuízos, além de ocasionar sérias doenças.

Cosete Ramos

QUAL É MELHOR: USAR A RAIVA DE FORMA POSITIVA OU NEGATIVA?

Você está em uma reunião de trabalho. Ao discordar das opiniões de um colega, sente raiva. Seu equilíbrio emocional é quebrado. Seu rosto fica vermelho! Você poderá agir com hostilidade e enfatizar o problema: gritar ou sair batendo a porta. Neste caso, a raiva é um evento negativo que acaba com qualquer profissional.

Ou você poderá usar construtiva e equilibradamente suas emoções para melhorar a situação desagradável criada e encontrar uma alternativa que resolva o problema. Neste caso, a raiva é evento positivo que torna melhor o profissional.

Procure entender a raiva. Ela pode ser útil, se sua intenção for acabar com a ameaça e ganhar de novo o controle da situação. Importante: tenha consciência de que está tomado da emoção raiva. Coloque a razão a seu serviço, para lhe dar equilíbrio emocional. Canalize e direcione a "força e a energia" da raiva a fim de focar na solução, para agir e resolver o conflito que lhe está incomodando.

Não esqueça nunca: a raiva pode trabalhar a favor ou contra você!

Arun Gandhi, autor e educador, neto do grande líder espiritual da Índia, Mahatma Gandhi, afirma que a mudança tem de começar em cada pessoa, controlando e usando a energia da raiva para realizar uma ação positiva.

COMO CONTROLAR A RAIVA?

A mais conhecida estratégia de controlar a raiva e reduzir o estresse é contar até dez. Contar, lenta e pausadamente, até dez, com uma respiração profunda entre um número e outro. Ao respirar, a pessoa deve concentrar-se em sentir o seu diafragma se expandir ao expirar e se contrair ao inspirar. Precisa também visualizar-se relaxada e em paz. Os músculos do pescoço vão aos poucos descontraindo e os ombros voltando à posição normal. Uma respiração adequada relaxa o corpo e oferece mais oxigênio para o cérebro. Reduz os batimentos cardíacos e a ansiedade. Além disso, com a contagem pausada, o indivíduo está enviando ao cérebro comandos para que vá com calma e deixe de produzir substâncias que alimentam e aumentam a sua agressividade.

Outra alternativa recomendada é levantar, caminhar e tomar água. Ao sair do ambiente conturbado, deixará de ter contato visual com o "suposto adversário". No caso de ter tido vários incidentes de raiva ultimamente, é aconselhável criar um plano de mudança. Estabeleça metas, de 1 a 5, sendo a última a modificação desejada: manter a emoção da raiva permanentemente sob controle.

O comportamento de como reagir em momento de raiva é aprendido. Logo, é possível alterá-lo através de uma nova aprendizagem. Quanto mais antigo o comportamento mais difícil; quanto mais recente; mais fácil.

Você realmente deseja mudar e controlar racionalmente e com equilíbrio o seu comportamento, quando enfrenta situações de raiva? Seu cérebro pode ajudar e muito. Mas, primeiro, seja sincero com você mesmo: não tente se enganar.

Bole uma imagem que virá ao seu cérebro no momento em que a pressão subir, quando a raiva estiver chegando. Crie uma imagem de perigo (como uma bomba explodindo). Comande seu cérebro a trazer esta imagem para a consciência, antes que a raiva faça estragos. Construa uma imagem clara do novo comportamento que deseja. Ajude o cérebro: pintando, desenhando ou fazendo um teatro (uma simulação). Use o seu corpo para mostrar ao seu cérebro o que você quer.

Daniel Goleman enfatiza que as emoções negativas, sobretudo a raiva, a ansiedade, a sensação de inutilidade crônica, dificultam profundamente o trabalho, desviando a atenção e prejudicando as habilidades mentais das pessoas.

Não fomente raiva ou rancor. Uma raiva alimenta a outra e todas acabam em situações indesejáveis de perda e violência. Cuidado com os recadinhos de raiva que manda para a sua mente. Não esqueça que, se fizer isto, o cérebro produzirá hormônios, verdadeiros venenos, que farão com que você sinta um grande mal-estar físico, com a conseqüente perda de criatividade e produtividade. E isso passa longe e bate de frente com o seu projeto de sucesso pessoal e profissional.

Com a raiva controlada, convido você a dar mais um passo na escalada da fama.

Agenda do Sucesso 6

APRENDENDO A SER UM ÊXITO PESSOAL E PROFISSIONAL
(Os gênios falam com seus cérebros. As crianças-gênios também. Siga bons exemplos)

QUANDO? ONDE?
Encontre um momento para estar sozinho, conversar com o seu ser mais íntimo, descansar o corpo e acalmar a mente. Mergulhe para dentro de você. Escolha um local reservado. Se puder, coloque uma música (instrumental) da qual goste muito.

COMO?
Continue com a PEDAGOGIA DO DIÁLOGO! Feche os olhos. Sinta sua respiração. Ouça o bater do coração. Lembre-se de eventos em que a raiva tomou conta de você. Veja os efeitos desastrosos. Simbolicamente, realizando movimentos físicos, pinte de preto estas imagens. Agora, bole uma imagem de perigo (uma bomba explodindo) e comande o cérebro a trazê-la para a consciência, antes que a raiva faça estragos. Pode também criar a imagem de uma porta que abre ou fecha para eventos e indivíduos. Antes de ter raiva de alguém "feche a porta do cérebro" para esta pessoa. Visualize-se controlando a raiva. Sinta-se muito bem. Registre na tela da sua mente, usando letras grandes e coloridas. Eu vou controlar as minhas emoções. Darei atenção especial para a raiva. Diga ao cérebro que fará tudo para evitar que ele produza venenos que aumentem a sua vontade de brigar e que causam doenças. Pense e fale com você mesmo(a). Use palavras, frases, afirmações. Diga com clareza o que quer e o que vai fazer. Construa uma imagem clara no cérebro do novo comportamento desejado.

DIALOGAR
(Conversa livre entre você e o seu cérebro).
Eis algumas sugestões de "falas" que poderá usar neste diálogo.
– Quero me controlar, quando for tomado(a) de raiva.
– Vou canalizar a força da raiva para resolver os problemas.
– Vou usar a seguinte estratégia...
Diga ao cérebro para obedecer a suas ordens. Assuma o comando!

PENSAR SENTIR
Pense e repita. Sucesso 6: EU VOU CONTROLAR AS MINHAS EMOÇÕES! Vou dar Atenção Especial para a Raiva!
Afirme com muita emoção! Grave isto em sua mente!

DECIDIR AGIR
Respire fundo. Relaxe. Agora, calmamente, abra os olhos, saia do mundo da mente e entre no mundo da ação. Realize tudo aquilo que você decidiu!
Comece com a decisão e parta para a ação!

Anotações

SUCESSO 7

VOCÊ ACERTA E ERRA: É UM SER HUMANO!
Enfrente com Coragem o Medo de Errar!

CÉREBRO E MEDO

O cérebro tem acesso ao mundo real através dos órgãos do sentido: audição, tato, visão, olfato, paladar. O que acontece quando a pessoa "vê" uma cobra e sente medo? A amígdala seqüestra o cérebro. Ela funciona como um gatilho, enviando mensagens de alarme. Comanda que o ritmo cardíaco aumente e os músculos se contraiam. Produz hormônios que colocam o corpo em alerta. O coração bate forte, a voz treme, as mãos suam. Depois, envia uma comunicação ao córtex para tomar consciência da ameaça e decidir reflexivamente: lutar ou fugir.

MEDO E ERRO

Muitos dos medos têm origem na infância. O que acontece quando a criança erra? Se for ridicularizada, sentir-se-á em perigo, com medo; o cérebro reagirá adotando posturas de defesa. Se o erro for aceito naturalmente, como parte do crescimento mental e emocional, ela aprenderá com seus erros. Você não é mais criança. Conviva com a possibilidade de errar. Sinta-se bem acompanhado. Seus pais erraram, seus professores erraram, as pessoas de sucesso erraram! Os Gênios da Humanidade erraram! O gênio Thomas Edison falhou 2.000 vezes até descobrir um filamento capaz de acender a lâmpada elétrica. Inventou a lâmpada porque não desistiu e não parou de trabalhar até conseguir o que desejava. *"Nada substitui o trabalho árduo", dizia ele*. Edison não tinha medo de errar! É um bom exemplo para todos nós!

MEDO DE FALAR EM PÚBLICO

As estatísticas apontam ser este o maior dos medos. Enfrente! Aceite uma experiência pessoal. Meu pai, Deputado Ruy Ramos, foi um dos maiores oradores do Brasil. Minha mãe, Professora Nehyta Ramos, fazia discursos em praça pública (ela aprendeu). Após o jantar, eram discutidos assuntos polêmicos na época (voto do analfabeto; divórcio; reforma agrária). A família toda dava opiniões e idéias. Meus pais contrapunham e nós contra-argumentávamos: ora eu acertava, ora era um "fiasco" total e retumbante. Era fogo, acredite! Falava na Escola Dominical da Igreja Metodista, participava de Concursos de Oratória e Declamação. Daí para a frente ficou mais fácil. Como professora e Dirigente do MEC, fiz muitos discursos. Hoje, comunicar é como respirar: tanto faz 5 como 5.000 pessoas. Aprendi a falar falando, acertando, errando, experimentando, melhorando. Assim, descobri que era capaz, desenvolvi competência e reforcei em muito a minha auto-estima!

VENCENDO O MEDO

Comece pequeno e vá crescendo. Prepare e apresente uma mensagem em uma festa em família; na igreja; no clube; no seu time de trabalho. Depois, realize uma comunicação na reunião com seu Dirigente. Enfim, fale para a empresa toda. Se precisar de mais ajuda, faça um Curso de Oratória! É importante planejar, executar e avaliar. Como foi a primeira experiência? Faça uma análise e melhore! A segunda deixou a desejar? Experimente de outra forma! A terceira foi um pouco melhor? Ótimo! Fiel ao seu compromisso com a excelência, continue aperfeiçoando. Afinal, os bons oradores trilharam exatamente este mesmo caminho.

APRENDENDO COM OS ERROS

Quando a pessoa acerta, resolve um problema, sente prazer e excitação. Quando erra, não resolve o problema, sente frustração e desespero. O que deverá fazer, neste caso? Ela só tem duas opções. Ou errar, cair e ficar "estatelada" no chão, "morrendo de vergonha" pelo erro cometido. Ou errar, cair e levantar, "dando a volta por cima", "sem vergonha" de ter errado. Somente a segunda alternativa é saudável e inteligente! Os erros são paralisantes e nos impedem de correr riscos e enfrentar desafios. Os medos trazem uma sensação de confusão, insegurança, inadequação e desorientação. É sempre hora de enfrentar os medos! Se quiser viver plenamente terá de se acostumar a conviver com eles. Deverá transformar fracasso em oportunidade de crescimento. Admita abertamente seus erros, assuma as conseqüências e corrija possíveis desvios e falhas. Quando a *pessoa vencedora* sofre uma derrota, diz: *"Equivoquei-me"* e aprende a lição. Quando uma *pessoa perdedora* comete uma falha diz: *"Não foi culpa minha"*, e busca culpados. Bill Gates afirma que "toda empresa precisa ter gente que erra, que não tem medo de errar e aprende com o erro". "Se você fracassar, não é culpa de seus pais. Então não lamente seus erros, aprenda com eles!" Assisti a uma palestra do famoso navegador brasileiro **Amyr Klink** que descreveu uma **viagem de sucesso**, da Antártida ao Ártico, sozinho, por 642 dias. Enfrentou ondas de até 25 metros e temperaturas superiores a 70 graus centígrados negativos. Na frente de 1.500 pessoas, enumerou erros cometidos: 1. escolher o caminho mais curto; 2. identificar mal o perigo; 3. achar que não ia ter muitas surpresas na viagem; 4. concluir que seria fácil cumprir a meta. Este é um excepcional exemplo de transformar erros em vitórias. Reaprendendo a pensar. Superando cada problema. Entregando-se de corpo, mente e alma à paixão que o impulsiona.

LIVRANDO-SE DOS MEDOS

Estudos mostram que o cérebro não distingue o real do imaginário. Muitas vezes, o medo não corresponde a um perigo real. Não deixe que seu cérebro venha com este negócio de "você não vai dar conta", "você vai errar". O medo está no seu cérebro. Tire-o de lá! Não carregue o peso do medo de errar. Jogue esta mala fora! O medo tem implicações negativas para a sua motivação, a confiança e a auto-estima. Além disso, ele é fatal. O medo pode comprometer irremediavelmente todo o seu projeto de sucesso pessoal e profissional! Cuidado! Só não erra quem não faz; quem não realiza nada. Você precisa dar-se o direito de falhar! Se errar, não tenha vergonha, ria dos erros! Sabe, isso faz parte do que se costuma chamar de Ser Humano falível. Você não é divino ou é? (HÁ! HÁ! HÁ!).

Acompanhado de Mark Twain que disse: "Coragem é resistência ao medo, domínio do medo, e não ausência de medo", suba mais um degrau na escalada da fama.

Agenda do Sucesso 7

APRENDENDO A SER UM ÊXITO PESSOAL E PROFISSIONAL
(Os gênios falam com seus cérebros. As crianças-gênios também. Siga bons exemplos)

QUANDO? ONDE?
Encontre um momento para estar sozinho, conversar com o seu ser mais íntimo, descansar o corpo e acalmar a mente. Mergulhe para dentro de você. Escolha um local reservado. Se puder, coloque uma música (instrumental) da qual goste muito.

COMO?
Feche os olhos. Sinta sua respiração. Ouça o bater do coração. Pense em todos os seus medos. Lembre-se de eventos em que teve medo de errar. Simbolicamente, realizando movimentos físicos, coloque todos os medos dentro de malas e jogue elas na lixeira. Recorde situações em que aprendeu com os erros e se livrou dos seus medos. Fixe estas imagens. Visualize-se falando muito bem em público, demonstrando confiança e sendo muito aplaudido(a) ao final. Sinta uma sensação gostosa de vitória. Registre na tela da mente, usando letras grandes e coloridas. Eu acerto e erro. Sou um Ser Humano. Diga ao seu cérebro que estes medos não correspondem a um perigo real. Alerte seu cérebro para não vir com a conversa do "você vai errar". Diga que quer remover todos os medos que estão lá! Que não quer mais carregar este peso. Pense e fale com você mesmo (a). Use palavras, frases, afirmações. Diga com clareza o que quer e vai fazer. Construa uma imagem clara no cérebro do novo comportamento que deseja.

DIALOGAR
(Conversa livre entre você e o seu cérebro).
Eis algumas sugestões de "falas" que poderá usar neste diálogo.
– O medo não vai afetar a minha confiança e auto-estima.
– O medo não vai afetar a minha motivação.
– Não vou deixar que comprometa o meu projeto de sucesso.
– Vou fazer o seguinte...
Diga ao cérebro para obedecer a suas ordens. Assuma o comando!

PENSAR SENTIR
Pense e repita. Sucesso 7: EU ACERTO E ERRO: SOU UM SER HUMANO! Vou enfrentar com Coragem o Medo de Errar!
Afirme com muita emoção! Grave isto em sua mente!

DECIDIR AGIR
Respire fundo. Relaxe. Agora, calmamente, abra os olhos, saia do mundo da mente e entre no mundo da ação. Realize tudo aquilo que você decidiu!
Comece com a decisão e parta para a ação!

Anotações

SUCESSO 8

ESCOLHA O QUE É MELHOR PARA VIVER!
Ser Alegre X Ser Triste

TRISTEZA X ALEGRIA

Como são diferentes e opostos os efeitos das emoções de tristeza e alegria! No primeiro caso, a amígdala reduz a velocidade do metabolismo do corpo. Diminui a energia. Reduz a vontade de fazer. Estimula o isolamento. Há queda do entusiasmo. No segundo caso, a amígdala aumenta a circulação do sangue. Exercita os pulmões. Manda mais oxigênio para o cérebro. A temperatura do corpo é reduzida. Produz endorfina e serotonina (hormônios ligados às sensações de prazer e bem-estar). Gera satisfação. Aumenta energia e entusiasmo. Facilita a cooperação. Estimula sentimentos carinhosos. Sem dúvida, dar um sorriso e demonstrar senso de humor têm vários efeitos fisiológicos positivos e importantes. Estas duas emoções antagônicas são retratadas de forma brilhante pela sabedoria popular.

Os tristes acham que o vento geme; os alegres acham que ele canta.

EMOÇÕES E EMPRESAS

Fazem parte dos paradigmas velhos da 2ª Onda: não demonstrar sentimentos, não baixar a guarda, não sorrir; fechar-se aos outros para não ficar exposto ou fragilizado. Cara fechada (brabeza) é sinal de seriedade e serve para deixar uma distância entre os que mandam e os que obedecem. "Muito riso é sinal de pouco siso" e falta de competência. O alto executivo precisa ser sisudo, pois tem muitos problemas (difíceis e sérios) a resolver. Como diz a canção da Jovem Guarda: "Não... Não... Não... Não... Eu tenho que manter minha fama de MAU"! Os paradigmas novos da 3ª Onda trazem um alento. Botam abaixo vários dos mitos acima. O humor, a alegria no trabalho e as brincadeiras aumentam a participação, melhoram o desempenho e a produtividade. Ajudam a enfrentar os problemas mais complexos. Estimulam que as soluções sejam encontradas mais facilmente. Daniel Goleman e seus colegas afirmam que o som de risos no ambiente de trabalho indica envolvimento não só das mentes, mas também dos corações. Os autores defendem que o sorriso é grande indicador de cordialidade, atitude que afeta a disposição dos subordinados diretos e que, em efeito dominó, percorre todo o clima emocional da empresa. A alegria é uma maneira eficiente de minimizar e acabar com o medo e criar um clima organizacional positivo.

Infelizmente, "nem tudo são flores" nas instituições atuais. Pesquisa realizada pela empresa HLCA Human Learning, com mais de 10.000 profissionais brasileiros, aponta que 78% estão infelizes no trabalho. Por quê? Devido a problemas de relacionamento com colegas; descontentamento com chefe; cobranças excessivas; falta de desafios; rotina exagerada; salário injusto; falta de plano de carreira; horários inflexíveis; critérios injustos de avaliação; além de problemas de caráter pessoal (estar na profissão e no emprego errados).

CONTROLE DA TRISTEZA

A tristeza é uma emoção que a pessoa controla. Tristeza tem fim, sim, se você quiser! Parodiando Chico Buarque: "Amanhã há de ser outro dia... Você que inventou a tristeza. Ora faça a fineza de desinventar...". Como desinventar? Num extremo da tristeza, encontra-se a depressão. O indivíduo precisa buscar ajuda médica, pois se trata de uma doença. Previsões inquietantes indicam que em 10 anos será a doença mais espalhada no universo. No outro extremo estão momentos esperados e normais de tristeza, pelos quais todos os seres humanos passam. O seu controle, portanto, concentra-se nos 80% ou 90% do seu tempo. Está triste, amargurado, angustiado, chateado e quer sair deste estado indesejável? Lembre-se de que o corpo-mente é um organismo único e o que afeta um afeta o outro. Então, muda o corpo que você muda a mente. Realize atividades diversas. Participe de brincadeiras, competições e jogos. Largue o que está fazendo e saia. Coma uma bala gostosa. Ouça músicas, cante canções ou corinhos religiosos (se acreditar). A música estimula a emoção de alegria, ativando o corpo, o cérebro e o coração.

CONTROLE DA ALEGRIA

A alegria é uma emoção que a pessoa controla. Ser feliz é um sentimento consciente; é um estado mental que depende da sua razão. Você pode escolher felicidade. Por quê? Por razões as mais diversas, tais como: por ter uma família maravilhosa; possuir amigos; ver grama no quintal; amar o trabalho que realiza; ter flores que brilham na sua mesa; gozar saúde; ter sua casa; ser capaz de achar graça e rir de tudo, inclusive de você mesmo! Na frente do espelho, tomando banho, ao se sentir ridículo, ao lembrar de uma "mancada" ou um vexame que deu. Em um restaurante que almoçava, o "Maêtre" respondeu algo totalmente sem sentido. Quando estranhei, disse: "O Maêtre pirou" e caiu na risada. Divertir-se é fundamental para o sentimento de estar satisfeito a cada dia. O sorriso desarma possíveis "adversários", afastando a animosidade e relaxando as situações mais tensas. Você usa só 28 músculos para sorrir (menos do que ao franzir a testa). Logo, por economia, é bom dar gargalhadas. HÁ! HÁ! HÁ! O riso, além de todas as vantagens já apontadas, ainda emagrece (boas risadas por 10 a 15 minutos fazem que a pessoa queime 50 calorias em média). Quer mais? Não precisa! Obedeça a Ordem do Dia: vamos dar muitas e gostosas gargalhadas. Encha o ambiente com a luminosidade e o calor do seu sorriso!

> *O sorriso! Esse você deve segurar. Não o deixe ir embora. Agarre-o!*
> (Fernando Pessoa)

É fácil concluir que a alegria vale a pena! O riso é contagiante e torna as pessoas cúmplices e cada vez mais companheiras. Além disso, ao sorrir, você manda para o seu cérebro uma mensagem de que está feliz e que está tudo muito bem. Fazendo um balanço geral, é possível afirmar que "ser feliz" é importante a sua saúde e essencial para o seu sucesso pessoal e profissional!

Suba mais um degrau da fama, cantando com Baden Powel e Vinícius de Moraes.

> É melhor ser alegre que ser triste...
> A alegria é a melhor coisa que existe, assim como a luz no coração.

Agenda do Sucesso 8

APRENDENDO A SER UM ÊXITO PESSOAL E PROFISSIONAL
(Os gênios falam com seus cérebros. As crianças-gênios também. Siga bons exemplos)

QUANDO? ONDE?
Encontre um momento para estar sozinho, conversar com o seu ser mais íntimo, descansar o corpo e acalmar a mente. Mergulhe para dentro de você. Escolha um local reservado. Se puder, coloque uma música (instrumental) da qual goste muito.

COMO?
Feche os olhos. Sinta sua respiração. Ouça o bater do coração. Lembre-se de momentos de tristeza. Simbolicamente, livre-se das amarguras realizando movimentos físicos, como jogar beijinhos para o ar ou fazer mímicas engraçadas. Recorde momentos de alegria. Fixe estas imagens. Visualize-se fazendo atividades, em casa e no trabalho, a fim de rir e divertir-se. Veja-se usando um chapéu diferente e engraçado na cabeça. Faça o mesmo com uma luva; um sapato; uma roupa. Sinta-se ridículo(a) por inteiro. Dê gostosas gargalhadas! Registre na tela que abriu em sua mente, usando letras grandes e coloridas. Eu escolho o que é melhor para viver. Eu escolho ser alegre. Diga ao cérebro que respeita os seus momentos de tristeza; mas que eles devem ser breves. Fale que quer construir felicidade. Enfatize que é importante para a sua saúde e o seu sucesso. Pense e fale com você mesmo(a). Diga com clareza o que quer e o que vai fazer. Construa uma imagem clara no cérebro do novo comportamento desejado.

DIALOGAR
(Conversa livre entre você e o seu cérebro).
Eis algumas sugestões de "falas" que poderá usar neste diálogo.
– Aceito passar os meus momentos de tristeza; que sejam curtos.
– Na maior parte do tempo, escolho estar alegre e feliz!
– Quero ter energia, entusiasmo e bem-estar.
– Vou fazer o seguinte...
Diga ao cérebro para obedecer a suas ordens. Assuma o comando!

PENSAR SENTIR
Pense e repita. Sucesso 8: EU ESCOLHO O QUE É MELHOR PARA VIVER!
Eu escolho Ser Alegre e Feliz!
Afirme com muita emoção! Grave isto em sua mente!

DECIDIR AGIR
Respire fundo. Relaxe. Agora, calmamente, abra os olhos, saia do mundo da mente e entre no mundo da ação. Realize tudo aquilo que você decidiu!
Comece com a decisão e parta para a ação!

Anotações

SUCESSO 9

ACREDITE E CONFIE EM VOCÊ!
Faça Florescer e Aparecer suas Qualidades

AUTO-IMAGEM

Tudo começou na infância, no relacionamento na família e escola. Neste período, a criança constrói sua auto-imagem, que depende da imagem que os adultos que estão próximos fazem dela. "Você é um bagunceiro; um mentiroso; um teimoso; um grosseiro; um mal-educado" ou "Você é sabido, delicado, educado, estudioso". O que o adulto diz funciona como um espelho. Passa a fazer parte da sua matriz de identidade. A visão que a criança tem de si é semelhante à visão que os adultos têm dela. Mas, com o tempo, à medida que o indivíduo cresce e se torna um adulto, tais imagens podem permanecer iguais ou se tornarem diferentes. Conheço alguém que sempre foi chamado de "cabeça dura". Hoje, ele assumiu esta característica, sente orgulho e permanece tal e qual, independente das possíveis conseqüências.

NEGATIVA x POSITIVA

O indivíduo com uma auto-imagem negativa demonstra falta de confiança na sua própria capacidade. Possui visão distorcida de si e dos outros, considerando que os outros são sempre melhores. Estes sentimentos negativos acarretam infelicidade e dificuldades nos relacionamentos humanos. A pessoa que tem uma auto-imagem positiva demonstra que acredita nas próprias habilidades e competências. Estabelece expectativas positivas em relação ao mundo, sente-se segura e tem confiança. Estes sujeitos não permitem que a percepção dos outros afetem ou destruam a excelente imagem que fazem de si mesmos.

AUTOCONHECIMENTO

A auto-imagem está relacionada ao autoconhecimento. É crucial que a pessoa se conheça profundamente, a fim de poder determinar com clareza quais são as suas forças (pontos fortes) e fraquezas (pontos fracos). Precisa identificar talentos especiais que a diferenciem de outros profissionais. Tal conhecimento é indispensável para encontrar o emprego no qual poderá se realizar e ser feliz e assim estabelecer o desejado equilíbrio entre vida pessoal e profissional. Além disso, é fundamental na hora de definir no que é bom e no que precisa aprender e se desenvolver, com vistas a conduzir sua carreira como pretende. O autoconhecimento é pré-requisito para se alcançar a autocompreensão e a auto-aceitação. Quando chega a este patamar, o indivíduo irá se aceitar, plenamente, como está, naquele momento, inteiro, conhecedor de suas reais possibilidades e de suas limitações.

O filósofo **Lao-Tsé**, ao falar do autoconhecimento, afirma:
Quem conhece os outros é inteligente. Quem conhece a si mesmo é sábio. Quem vence os outros é forte. Quem vence a si mesmo é poderoso.

FOCANDO NAS QUALIDADES (FORÇAS)

Autoconhecimento é um processo permanente, sem fim, que depende de reflexão continuada sobre a vida pessoal, social e profissional, objetivando buscar e alcançar o desejado aprimoramento, tanto intelectual quanto emocional. É uma constante viagem para dentro de você. Se já fez esta viagem, e se conhece bem, eis um desafio. Pense um minuto. Escreva num papel suas cinco qualidades dominantes. Pronto? Tentarei imaginar o que registrou: "sou bom (boa) no trato com pessoas"; "falo bem em público"; "sou criativo"; "resolvo bem problemas"; "sou capaz de vender uma idéia"; "sei influenciar e persuadir"; "sou flexível"; "sou organizado no meu trabalho"; "desenvolvo bem projetos". Acertei?

Pare! Atenção! **Você deve focar: concentrar todo o esforço no que tem de melhor.** Crescer mais ainda no que já é bom, para tornar-se cada vez melhor e mais confiante. Quando chegar a hora certa, faça aparecer suas qualidades. Divulgue seus pontos fortes (com humildade) dentro da empresa (colegas, dirigentes) e fora dela (clientes, profissionais de outras organizações). Comprove suas afirmações com resultados efetivos. É aconselhável montar um portfólio de suas realizações.

Quanto aos pontos fracos, decida. Ou você simplesmente ignora (no momento) ou transforma as limitações em oportunidades de melhoria.

Falando de qualidades, examine este pensamento de Peter Drucker.

Sucesso vem para aqueles que têm autoconhecimento de suas forças e sabem como usá-las.

ACREDITANDO EM VOCÊ

Creia primeiro e sempre em você. Seu conjunto de qualidades o destaca como um ser único. Não existe ninguém igual a você. Respeite a sua individualidade e diversidade. Tenha paciência e busque o êxito. Confie sincera e profundamente que poderá ser vitorioso(a). Na cabeça de uma pessoa vitoriosa não passa a menor dúvida de que ele ou ela será um vencedor, vencedora! Acreditar em você é essencial. Se julgar que vai vencer, você já está com meio caminho andado. É a base segura para apoiar o seu projeto de realização. Daí, até alcançar os resultados desejados, é um pulo.

Você sabe que o **cérebro tem uma capacidade fantástica de "criar uma realidade", a partir do que a pessoa sente ou acredita que sente.** Se acreditar que é fraco, desanimado, incapaz, indeciso, será exatamente isto. Se acreditar que é forte, animado, capaz, decidido, será exatamente isto. Se confiar que "vai conseguir", acabará conseguindo. O que está valendo para o seu cérebro, a realidade para ele, é o que você sente e crê a seu respeito. Passe uma mensagem de confiança, de certeza, coloque muita emoção, que o cérebro fará de tudo para confirmar seus pensamentos e suas crenças. Neste caso, o céu é o limite. A sua vida e o seu futuro estão no seu cérebro (o que acredita) e em suas mãos (o que faz).

Coloque em sua mente a imagem de uma pessoa que tem confiança em si, é capaz de fazer acontecer e ir longe, porque pensa grande a respeito de si mesma. Acreditar e confiar em você são sentimentos que agem como mola propulsora, impulsionando sua trajetória na direção da vitória. Confiar que é possível é passo essencial no caminho que o(a) levará à sonhada vitória na vida pessoal e profissional.

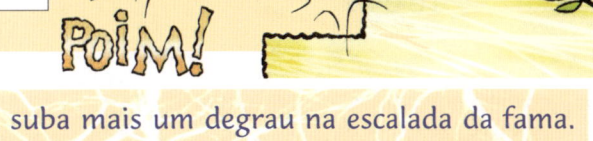

Falando em caminho para o sucesso, suba mais um degrau na escalada da fama.

Agenda do Sucesso

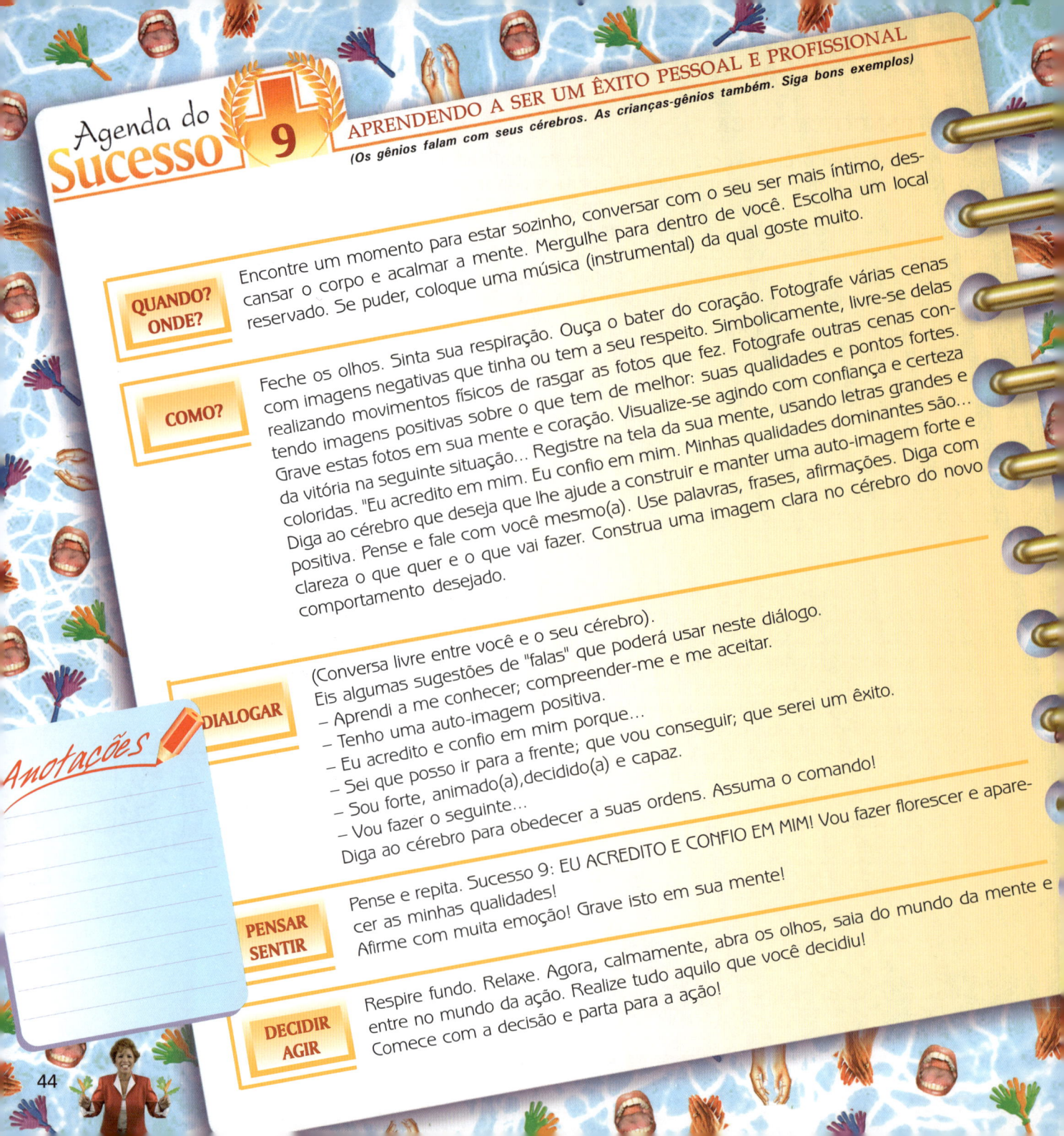

9 — APRENDENDO A SER UM ÊXITO PESSOAL E PROFISSIONAL
(Os gênios falam com seus cérebros. As crianças-gênios também. Siga bons exemplos)

QUANDO? ONDE?
Encontre um momento para estar sozinho, conversar com o seu ser mais íntimo, descansar o corpo e acalmar a mente. Mergulhe para dentro de você. Escolha um local reservado. Se puder, coloque uma música (instrumental) da qual goste muito.

COMO?
Feche os olhos. Sinta sua respiração. Ouça o bater do coração. Fotografe várias cenas com imagens negativas que tinha ou tem a seu respeito. Simbolicamente, livre-se delas realizando movimentos físicos de rasgar as fotos que fez. Fotografe outras cenas contendo imagens positivas sobre o que tem de melhor: suas qualidades e pontos fortes. Grave estas fotos em sua mente e coração. Visualize-se agindo com confiança e certeza da vitória na seguinte situação... Registre na tela da sua mente, usando letras grandes e coloridas. "Eu acredito em mim. Eu confio em mim. Minhas qualidades dominantes são..." Diga ao cérebro que deseja que lhe ajude a construir e manter uma auto-imagem forte e positiva. Pense e fale com você mesmo(a). Use palavras, frases, afirmações. Diga com clareza o que quer e o que vai fazer. Construa uma imagem clara no cérebro do novo comportamento desejado.

DIALOGAR
(Conversa livre entre você e o seu cérebro).
Eis algumas sugestões de "falas" que poderá usar neste diálogo.
– Aprendi a me conhecer; compreender-me e me aceitar.
– Tenho uma auto-imagem positiva.
– Eu acredito e confio em mim porque...
– Sei que posso ir para a frente; que vou conseguir; que serei um êxito.
– Sou forte, animado(a), decidido(a) e capaz.
– Vou fazer o seguinte...
Diga ao cérebro para obedecer a suas ordens. Assuma o comando!

PENSAR SENTIR
Pense e repita. Sucesso 9: EU ACREDITO E CONFIO EM MIM! Vou fazer florescer e aparecer as minhas qualidades!
Afirme com muita emoção! Grave isto em sua mente!

DECIDIR AGIR
Respire fundo. Relaxe. Agora, calmamente, abra os olhos, saia do mundo da mente e entre no mundo da ação. Realize tudo aquilo que você decidiu!
Comece com a decisão e parta para a ação!

Anotações

SUCESSO 10

GOSTE MUITO DE VOCÊ! AME-SE!
Porque é Importante e Faz Diferença!

AUTO-ESTIMA

Pais e professores são os primeiros responsáveis por construir ou destruir a auto-estima da criança. São sementes da construção: amor, aprovação, atenção, carinho, elogio, cuidado, respeito. São sementes da destruição: desprezo, humilhação, desvalorização, ofensas, ameaças, violência. Frases que estimulam a destruição da auto-estima. "Cala a boca. Vai errar! Chega de perguntas. Você não consegue. Resposta imbecil. Não entende? É burro!" Ao dar gritos e broncas, pais e professores não sabiam que neste momento o cérebro do filho ou aluno produzia neurotransmissores que fixavam os eventos. Erro e falha devem ser tratados em particular, com cara e voz normais, com discrição e sem emoção; exatamente para não fixar o erro no cérebro. Acerto e vitória devem ser tratados em público, com cara alegre, voz entusiasmada, beijos, abraços, muita emoção (um carnaval), para fixar o acerto no cérebro. Crianças e jovens captam as mensagens dos adultos que amam e admiram. Quando elas são positivas, concluem: *Eu Sou Capaz* (auto-estima alta). Ao contrário, concluem: Eu Não Sou Capaz (auto-estima baixa).

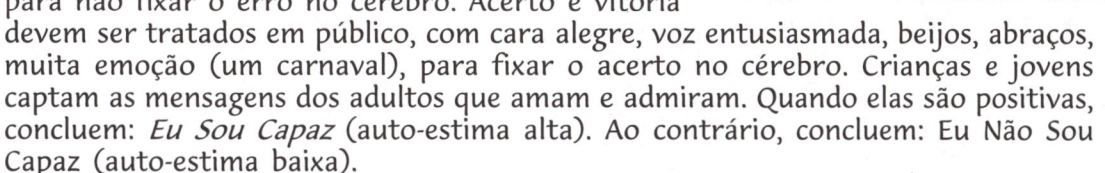

PERFIL DA PESSOA COM BAIXA AUTO-ESTIMA

Não tem confiança em si; vive se comparando com os outros, se depreciando e se desvalorizando. Sente-se infeliz. Tem dificuldade nas relações. Prefere ficar só. Busca culpados. Faz constantes críticas a si e aos outros. Aprende menos. Não possui objetivos significativos. Sente-se um perdedor(a).

PERFIL DA PESSOA COM ALTA AUTO-ESTIMA.

Acredita e confia em si. Sabe aceitar-se. É flexível para mudar; aceita novas idéias e desafios. Está sempre alegre. Possui autoconhecimento profundo. Aprende com facilidade. Tem sonhos, objetivos e valores claros. Demonstra paixão pelo que faz. Sente-se um vencedor. O sentimento de auto-estima positiva envolve se amar, se admirar e reconhecer o próprio valor. Bettie Youngs afirma que a auto-estima é composta de seis ingredientes que dão ou tiram a vitalidade da vida. (1) *Segurança física*: estar a salvo de danos; ter necessidades satisfeitas. (2) *Segurança emocional*: ser respeitada; ter os seus sentimentos aceitos; não ter medo; não ser ameaçada. (3) *Identidade:* ser considerada como única; haver expectativas justas; receber reconhecimento. (4) *Afiliação:* pertencer a grupo(s) para apoio e bem-estar. (5) *Competência*: ser capaz; receber *feedback* e valorização por desempenho excelente. (6) *Missão*: ter propósito; fazer diferença.

POR QUE GOSTAR DE VOCÊ?

Pare e faça uma lista de 10 razões. Pense em motivos pessoais ou profissionais. Por exemplo, gosta da "gentileza com que trata os outros", ou da "disponibilidade para ajudar". Já fez? Viu como foi fácil! Reforce seu amor próprio desenhando, escrevendo e fotografando eventos. Reforce mais ainda redigindo a sua autobiografia. Resgate vitórias, frustrações, superações, desafios vencidos. Sempre visite sua história de vida. Ela permitirá que você se compare com você mesmo: como era no passado e como é no presente. Aprendeu? Cresceu? Melhorou? Mudou? Excelente! Bata palmas!

ORGULHE-SE DO QUE SE TORNOU! VOCÊ É IMPORTANTE E FAZ DIFERENÇA!

NÃO GOSTAR DE VOCÊ? CUIDADO!

Se não se gostar, como pode gostar dos outros e esperar que os outros gostem de você. Não se amar é perigoso! *Você fica vulnerável à ação destruidora de pessoas e eventos*. Por que deixa algo ou alguém machucar você? Por que deixa entrar no seu cérebro e fazer um estrago? Não diga "meu chefe; minha mãe; meu pai; minha esposa está me destruindo". Em vez disso diga "Estou deixando meu chefe; minha mãe; meu pai; minha esposa acabar comigo". Estou concedendo a ele ou ela o poder de me machucar!

Eis uma sugestão para dar um basta neste processo de autodestruição. Faça uma lista com duas colunas. Na coluna da direita escreva emoção. Registre nela tudo o que as pessoas dizem que lhe causa medo ou raiva. Na coluna da esquerda, escreva razão. Usando a razão, analise cada uma. Se concordar com a(s) pessoa(s), coloque na sua lista de melhoria contínua. Se não concordar, simplesmente pegue uma borracha e apague. E por não ter valor, a partir de agora não lhe afetará mais. Feche a janela da sua mente para qualquer pessoa ou evento que possa lhe magoar. Lair Ribeiro sugere alguns decretos pessoais. **(A) Ninguém pode fazer você se sentir inferior sem a sua permissão. (B) Ninguém pode entrar em sua vida para fazer você infeliz. (C) Se alguém lhe provoca a sensação de inferioridade ou infelicidade, é porque você permite. (D) Os sentimentos são seus; você decide o que quer sentir.**

MENSAGENS PODEROSAS

Quando o indivíduo se considera incapaz, manda para o cérebro uma mensagem de incapacidade, que o subconsciente aceita como real. O inverso é verdadeiro, em relação a uma imagem de capacidade. Assim, **o fracasso ou sucesso é construído na mente pela própria pessoa.** Você pode mudar o quadro negativo a qualquer instante. O cérebro é plástico; logo pode educá-lo por toda a vida. Agora é a melhor hora de aprender a se gostar.

Para sua inspiração, eis dois exemplos famosos de auto-superação. Albert Einstein, o gênio do século XX, tinha problemas de memória; não falou até os 4 anos; só aprendeu a ler aos 9 anos; era considerado "retardado". Walt Disney, genial desenhista e empresário, durante um bom tempo se sentiu "incapaz"; tinha dificuldade de ler e de escrever.

A auto-estima é determinante na criatividade e no relacionamento com os outros. Faz uma enorme diferença na hora de enfrentar desafios. Pessoas de auto-estima elevada são fãs de si mesmas: são poderosas, generosas, vitoriosas. Elas não economizam risadas, elogios, aplausos, carinhos e abraços. Elas expressam seu afeto, apresentando mensagens de bem-querer, inclusive para si mesmas, como Gonzaguinha que vai acompanhar você a dar mais um passo para a vitória.

"... hoje eu me gosto muito mais... se olhar bem fundo, até o dedão do pé".

Agenda do Sucesso 10

APRENDENDO A SER UM ÊXITO PESSOAL E PROFISSIONAL
(Os gênios falam com seus cérebros. As crianças-gênios também. Siga bons exemplos)

QUANDO? ONDE?
Encontre um momento para estar sozinho, conversar com você mesmo, descansar o corpo e acalmar a mente. Mergulhe para dentro de você. Escolha um local reservado. Coloque uma música (instrumental) da qual goste muito.

COMO?
Feche os olhos. Sinta sua respiração. Ouça o bater do coração. Recorde eventos em que estava com baixa auto-estima. Simbolicamente, livre-se destas imagens, realizando movimentos físicos de pegar um carvão e borrar. Lembre-se de eventos em que estava com uma auto-estima elevada. Fixe estas imagens. Visualize-se apresentando mensagens de bem-querer a você mesmo e sentindo-se muito orgulhoso(a). Registre na tela que abriu em sua mente, usando letras grandes e coloridas. Eu gosto de mim. Eu me amo. Eu me admiro. Tenho 10 razões para gostar de mim... Diga ao cérebro que é capaz e que quer manter o perfil de uma pessoa com elevada auto-estima. Agora você está pronto para livrar-se das pessoas que está deixando que lhe magoem e destruam. Feche a janela da sua mente na cara delas, tirando-lhes assim o poder de entrar! Finalmente, veja-se como uma pessoa admirável. Pense e fale com você mesmo(a). Use palavras, frases, afirmações. Diga com clareza o que quer e o que vai fazer. Construa uma imagem clara no cérebro do novo comportamento desejado.

DIALOGAR
(Conversa livre entre você e o seu cérebro).
Eis algumas sugestões de "falas" que poderá usar neste diálogo.
– Reconheço o meu valor!
– Eu gosto de mim porque... Eu estou orgulhoso de mim porque...
– Ouço a voz do meu coração, dizendo o quanto eu sou...
– Vou fazer o seguinte...
Diga ao cérebro para obedecer a suas ordens. Assuma o comando!

PENSAR SENTIR
Pense e repita. Sucesso 10: EU GOSTO MUITO DE MIM! EU ME AMO! Eu sou importante e faço diferença!
Afirme com muita emoção! Grave isto em sua mente!

DECIDIR AGIR
Respire fundo. Relaxe. Agora, calmamente, abra os olhos, saia do mundo da mente e entre no mundo da ação. Realize tudo aquilo que você decidiu!
Comece com a decisão e parta para a ação!

Anotações

SUCESSO 11

SUAS ATITUDES AFIRMATIVAS TÊM IMPACTO!
Encha o Cérebro de Positividade!

SIM X NÃO

A Pedagogia do Fracasso tem um parente muito próximo: a Pedagogia do Não. A família e a escola da 2ª Onda usam a negativa em abundância: "não pode"; "não vá"; "não fique"; "não coma"; "não consegue"; "não pule"; "não faz". Aprende-se primeiro o conceito do Não e só depois se chega à consciência do Sim. Pesquisas norte-americanas indicam que até os 8 anos a criança recebeu cerca de 100.000 - cem mil - nãos! Para cada elogio, ela ouve 9 críticas, reclamações e repreensões! É preciso urgente dar um basta neste excesso e chegar a um equilíbrio entre Sim e Não. Para reforçar a PEDAGOGIA DO SIM é fundamental que pais e professores usem muitas afirmações. "SIM, pode comer bolo". "SIM, pode sorrir". "SIM, pode andar de bicicleta!" "SIM, pode experimentar!" "SIM, pode errar!" "SIM, pode ser feliz!"

Assisti a uma palestra de Byron Stock, nos Estados Unidos. Ele apresentou pesquisas do Institute of HearthMath, mostrando que recordações de sentimentos de frustração (Não) ou apreciação (Sim) afetam de forma diferente o sistema nervoso autônomo que muda o ritmo do coração. **Apenas a lembrança de "maus" ou "bons" acontecimentos faz com que emoções negativas ou positivas permaneçam no corpo durante várias horas.** É neste local que a pessoa sentirá as conseqüências: para o bem ou para o mal. Imagine o estrago que a raiva fará, ficando no seu corpo por muito tempo!!!

AFIRMAÇÃO

Você pode e deve enviar mensagens positivas às pessoas. Apresente declarações como "estou feliz porque está aqui hoje"; "é ótimo ser seu parceiro"; "você teve uma idéia genial". Tais assertivas têm duplo impacto: para o outro e para você (pois inundam seu cérebro de positividade). Quando afirmar, faça com autenticidade: com o olhar cheio de brilho, refletindo um coração alegre. Diga um elogio para a empregada que fez uma comida deliciosa ou para a filha que arrumou o quarto (de preferência, aplaudir mais do que criticar). Sempre que possível, em seguida, dê um abraço de forma que os dois corações se encontrem. Sugere-se fazer cinco afirmações e envolver-se em cinco abraços deste tipo por dia.

AUTO-AFIRMAÇÃO

Você também pode e deve mandar mensagens positivas para você mesmo. É essencial praticar a auto-afirmação. Diariamente, escolha um momento para dizer o quanto se quer bem; que é especial; como se saiu bem em tal e qual episódio; que tem talento. Assim, você reforça o que é bom, apropria-se das vitórias que alcança, expressa o orgulho que sente, aumentando a auto-estima.

ATITUDE NEGATIVA X POSITIVA

É uma escolha que a pessoa faz, podendo para tanto reprogramar pensamentos e sentimentos. Você pode rearranjar uma atitude inicial negativa (ter raiva no trânsito), educando o cérebro a agir de forma positiva (ter calma enquanto espera). Às vezes, não há condições de alterar circunstâncias. Porém, o sujeito sempre tem o poder de mudar sua mente e a maneira de encarar a situação. Costuma enfrentar os acontecimentos negativa ou positivamente? Antecipa o fracasso ou o sucesso? Aposta que vai dar errado ou certo? Se adotar uma atitude negativa, vai atrair e antecipar derrota: uma bomba que o levará a perder. Quando diz que "não vai dar certo" (antes de tentar), o grande problema é que a pessoa está desistindo. E quando alguém abre mão de algo, acabou. Desistir do emprego, do casamento, da vida, do... é o fim! Quantas vezes, ao desistir, é exatamente o instante em que o indivíduo está sendo derrotado! As crenças negativas impressas no seu cérebro limitam até aonde pode chegar. É preciso reprogramar suas atitudes. É um dever (para com você mesmo) filtrar com muito rigor o que pode entrar (SIM) e o que deve ficar de fora (NÃO), pois assim impedirá que seu cérebro trabalhe contra você! Como foi responsável por deixar entrar, agora lhe cabe remover o que não serve e lhe atrapalha. "Quem sabe faz a hora" de reconstruir o seu cérebro!

ATITUDE POSITIVA NA ADVERSIDADE

Pesquisas sobre profissionais vitoriosos indicam que o êxito está relacionado tanto à capacidade intelectual (pensar) e à competência emocional (sentir) quanto à atitude positiva ao encarar adversidades. Veja como são diferentes as formas de reagir à situação de ser demitido. A pessoa A fica deprimida, acha tudo ruim, reclama do mundo. É uma leitura negativa. A pessoa B examina o contexto como um todo; conclui que em casa as coisas estão bem; há uma reserva no banco; enfim, pode ser uma oportunidade. É uma leitura positiva. Essa atitude afirmativa será decisiva para vencer. Hoje se fala em QA (Quociente de Adversidade), capacidade que, junto com outras duas, QI (Quociente Intelectual) e QE (Quociente Emocional), é essencial para alcançar sucesso na vida.

ATITUDE POSITIVA NA VIDA

Pegando carona em uma idéia de Eric Jensen, eis uma estratégia de *flashback* (retrospectiva) para encerrar os dias de trabalho de forma afirmativa. Fique de pé. Feche os olhos. Lembre-se do que aconteceu de bom hoje. Levante o braço esquerdo (ao lado do corpo). Coloque na mão esquerda tudo o que fez em casa (pessoal), desde o acordar. Levante o braço direito (ao lado do corpo). Coloque na mão direita tudo o que realizou na empresa (profissional). Agora, em cima da cabeça, bata as duas mãos, com força, fazendo um grande estrondo, e dizendo bem alto a palavra mais positiva da língua portuguesa: SIM! Você acaba de celebrar as coisas boas da vida e simbolizar a integração pessoal e profissional. Agora, você está pronto (pronta) para sair com um SIM na boca e no coração. Deixará o ambiente se sentindo um SER MAIOR do que era pela manhã. Respire fundo. Abra com calma os olhos. É hora de desligar, descansar e relaxar. Feche a mesa. Deixe para trás o que não pôde ser feito; fica para amanhã. É hora de encontrar a família ou os amigos, numa relação prazerosa de amor e amizade.

> Suba outro degrau da escada da fama, inspirado na descoberta da Dra. Alice Isen (Universidade Cornell/EUA). **O pensamento das pessoas que têm SENTIMENTOS POSITIVOS é mais criativo, mais flexível, mais abrangente e mais aberto.**

Agenda do Sucesso 11

APRENDENDO A SER UM ÊXITO PESSOAL E PROFISSIONAL
(Os gênios falam com seus cérebros. As crianças-gênios também. Siga bons exemplos)

QUANDO? ONDE?
Encontre um momento para estar sozinho, conversar com você mesmo, descansar o corpo e acalmar a mente. Mergulhe para dentro de você. Escolha um local reservado. Coloque uma música (instrumental) da qual goste muito.

COMO?
Feche os olhos. Sinta sua respiração. Ouça o bater do coração. Recorde situações em que adotou atitudes negativas. Simbolicamente, livre-se destas imagens realizando movimentos físicos de pegar um pincel com tinta preta e borrar. Lembre-se de eventos em que adotou atitudes positivas. Fixe estas imagens. Visualize-se elogiando outras pessoas e praticando a auto-afirmação. Veja-se como alguém que tem uma atitude positiva na vida. Sinta seu cérebro encher-se de positividade e esta emoção gostosa espalhar-se por todo o seu corpo, ficando lá várias horas. Registre na tela da sua mente, usando letras grandes e coloridas: Eu me quero muito bem SIM. Eu sou especial SIM. Eu tenho talento SIM. Como me saí bem no episódio... Fui valorizado SIM. Diga ao cérebro que quer manter uma atitude afirmativa porque é importante para ser mais criativo e para vencer. Pense e fale com você mesmo(a). Diga com clareza o que quer e o que vai fazer. Construa uma imagem clara no cérebro do novo comportamento desejado.

DIALOGAR
(Conversa livre entre você e o seu cérebro).
Eis algumas sugestões de "falas" que poderá usar neste diálogo.
– Afirmo que sou uma pessoa especial.
– Afirmo que vou determinar positivamente o meu futuro.
– Afirmo que vou construir o meu sucesso, com atitudes positivas.
– Vou fazer o seguinte...
Diga ao cérebro para obedecer a suas ordens. Assuma o comando!

PENSAR SENTIR
Pense e repita. Sucesso 11: MINHAS ATITUDES AFIRMATIVAS TÊM IMPACTO! Vou encher meu cérebro de positividade!
Afirme com muita emoção! Grave isso em sua mente!

DECIDIR AGIR
Respire fundo. Relaxe. Agora, calmamente, abra os olhos, saia do mundo da mente e entre no mundo da ação. Realize tudo aquilo que você decidiu!
Comece com a decisão e parta para a ação!

Anotações

SUCESSO 12

MUDE A MENTE! MUDE O MUNDO!
Inverta o Ditado: "Sua Cabeça é o seu Mestre"

PESSIMISMO

Como acorda de manhã? Se reclamar da empresa e das atividades que irá realizar, estará antecipando um "ótimo" dia para construir fracasso. Passará o tempo olhando o relógio e contando as horas até ir embora. Mas, há algo pior. Caso na segunda-feira acorde pensando "Que droga. Tenho de trabalhar. Preferia ficar na cama", seu cérebro fará de tudo para ajudar no que deseja. Vai proteger você daquele mal (droga é ruim, vicia). O cérebro irá lhe bombardear com estímulos que trarão certas conseqüências: ficar com preguiça (produtividade zero), ir ao banheiro toda hora, bocejar, ter falta de concentração (adeus criatividade). Dará tudo errado. Afinal, é a sua mente lhe protegendo da "droga do trabalho". O cérebro vai fazer o possível para lhe trazer de volta para a cama. Fabricará toxinas, que enviará para a corrente sangüínea, e você se sentirá cansado, aborrecido, deprimido. Começará o dia com desânimo e este sentimento ficará em seu corpo por várias horas. Perigo! Perigo! Pare e pense no velho ditado: "O peixe apodrece a partir da cabeça"! Este é o efeito de uma atitude de pessimismo. Contamina a pessoa inteira, começando pela cabeça e se espalhando por todo o corpo.

O pessimista é alguém que tem certeza de que vai dar tudo errado. Está tomado de um sentimento de insatisfação: vive mal-humorado, de cara fechada, infeliz. Passa o tempo reclamando. Coloca defeito em tudo! Porém, não faz nada para mudar!

Não permita que pessoas pessimistas e mal-humoradas cheguem perto de você. Elas fazem mal. Afaste-se quilômetros, pois destilam biles e veneno. Corra e se esconda. Estados emocionais são contagiosos. Mau humor pega! Fuja! Não deixe que os "corvos" atrapalhem ou retardem o seu projeto de vida. Não permita que tenham poder de afetar ou fazer murchar a esperança do seu coração.

Cosete Ramos

OTIMISMO

Como acorda de manhã? Se sentir prazer com a chuva que bate na janela; se levantar sorrindo, dando bom-dia ao dia; se vibrar com as atividades que irá realizar estará antecipando um ótimo dia para construir sucesso. Caso na segunda-feira acorde pensando: "Estou feliz por ir trabalhar. SIM, estou animado, pois vou desenvolver aquele projeto desafiante", estas mensagens serão recebidas pelo cérebro que mandará fabricar hormônios do prazer, enviando-os para a corrente circulatória. Você sentirá a gostosa sensação de bem-estar. Começará o trabalho com entusiasmo e este sentimento ficará em seu corpo várias horas (que ótimo!).

Tenho uma amiga que acorda assim. Abre os olhos, olha o teto e acha tão lindo! Toca na coberta e sente o calor. Coloca a mão sobre o esposo e diz "que bom que está comigo". Lembra do quarto ao lado e agradece ao Senhor, pois a filha está a salvo em casa. Ela se vê (visualiza) saindo animada para a empresa, pronta a vencer os desafios que o dia irá colocar! Aprenda com o gênio espanhol da pintura: *"Todas as manhãs, quando acordo, experimento um prazer supremo: o de ser Salvador Dali"*. Você também deve sentir emoções semelhantes: o prazer supremo de ser você mesmo; um ser humano único e distintivo!

Ao chegar ao trabalho, com muito bom humor, espalhe olhares brilhantes, sorrisos abertos e "bons-dias" animados. Cumprimente um a um todos os colegas. Faça disto um hábito. Repita na saída. O ser otimista adora trabalhar e se divertir. Ama a vida. É contagiante e energiza os outros. Aproxime-se das pessoas cheias de vibração. Junte-se aos vencedores. Peço licença para um exemplo pessoal. Um dos maiores elogios que já ouvi na minha vida foi do meu querido amigo Julio Figueiredo Filho (obrigada!). Ele disse que sou tão entusiasmada que deveria ser possível comprar "**um grama de Cosete**" na farmácia. É exatamente este sentimento que busco fazer jorrar das páginas deste livro para você, diretamente ao seu coração! Pesquisadores holandeses concluíram que ter uma atitude otimista pode diminuir em até 55% o risco de morte prematura. Nem eu e nem você queremos morrer tão cedo; logo sejamos otimistas! Vale a pena! Otimismo é "parte de Deus em você"!

MUDE O MUNDO

Qual a decisão inteligente: mentalizar bem-estar ou mal-estar? O filósofo francês **Voltaire**, século XVIII, dizia que "**a mais corajosa decisão que alguém deve tomar a cada dia é a decisão de estar de bom humor**". É conhecida a história dos 3 pedreiros. O primeiro (mal-humorado) dizia estar quebrando pedras. O segundo (sisudo) preparando uma parede. O terceiro (otimista) construindo uma catedral. Mudou o ângulo de visão e mudou o significado do trabalho. Mudou a mente e mudou a maneira de ver o mundo. É preciso trocar as lentes (crenças, paradigmas, valores) com as quais analisa e interpreta a realidade. É necessário usar lentes coloridas, a fim de olhar e poder modificar as circunstâncias. Assim, começa um processo de transformar ações em resultados. As crenças e valores impulsionam a ação e a ação impulsiona os resultados, no sentido positivo ou negativo. Existem lentes de limitação, como a pessoa que prefere não ouvir direito a usar aparelho de surdez ("aparelho indica que sou deficiente"). Existem lentes de libertação, como a pessoa que usa muletas para agilizar o seu processo de cura. Jogue fora todas as lentes que distorcem sua visão do mundo e lhe prejudicam!

ASSUMA A MENTE

Mude a máxima "Sua Cabeça é o seu Mestre" por "Sou o Mestre da Minha Cabeça". É você quem manda na sua cabeça, quem disciplina a sua mente. O controle está em suas mãos. Decida-se e exerça-o. Atenção! No primeiro dia, o cérebro poderá tentar reagir, como de costume. Se disser: "Dorme mais um pouquinho", você comanda: "Vou acordar agora". Se disser: "Deixe os estudos para depois", você comanda: "Vou estudar agora". No quinto dia, desistirá e você assumirá soberano(a) a sua mente, como o grande maestro desta maravilhosa orquestra.

Encontre inspiração na poetisa Cora Coralina. "O tempo muito ensinou. A amar a vida. Ser otimista". Suba, com ânimo, mais um degrau na escalada do sucesso!

Agenda do Sucesso 12

APRENDENDO A SER UM ÊXITO PESSOAL E PROFISSIONAL
(Os gênios falam com seus cérebros. As crianças-gênios também. Siga bons exemplos)

QUANDO? ONDE?
Encontre um momento para estar sozinho, conversar com você mesmo, descansar o corpo e acalmar a mente. Mergulhe para dentro de você. Escolha um local reservado. Coloque uma música (instrumental) da qual goste muito.

COMO?
Feche os olhos. Sinta sua respiração. Ouça o bater do coração. Primeiro, convença o cérebro que sua decisão de mudar é autêntica. Atenção: ele é muito difícil de ser convencido. O cérebro adora rotinas e padrões e dificultará qualquer mudança. Lembre-se de situações em que foi pessimista. Simbolicamente, livre-se destas imagens, realizando movimentos físicos de pegar um carvão e borrar. Lembre-se de eventos em que sentia bom humor e otimismo. Fixe estas imagens. Visualize-se como uma pessoa que abraça a vida com entusiasmo. Veja a cara de pessoas otimistas com as quais deseja proximidade. Abra as portas da mente e deixe-as entrar. Depois, registre na tela que abriu em sua mente, usando letras grandes e coloridas. Eu posso mudar a minha mente. Eu posso mudar a minha visão do mundo. Eu Sou o Mestre da Minha Cabeça. Diga ao cérebro que quer manter uma atitude otimista, mentalizar bem-estar e usar sempre lentes de libertação. Pense e fale com você mesmo(a). Diga com clareza o que pretende. Construa uma imagem clara no cérebro do novo comportamento desejado.

DIALOGAR
(Conversa livre entre você e o seu cérebro).
Eis algumas sugestões de "falas" que poderá usar neste diálogo.
– Eu escolho ser uma pessoa otimista.
– Vejo o mundo com lentes coloridas que vão ajudar o meu projeto.
– Quero distância de sujeitos pessimistas.
– Vou fazer o seguinte...
Diga ao cérebro para obedecer a suas ordens. Assuma o comando!

PENSAR SENTIR
Pense e repita. Sucesso 12: VOU MUDAR A MINHA MENTE PARA MUDAR O MUNDO!
Eu sou o Mestre da Minha Cabeça!
Afirme com muita emoção! Grave isto em sua mente!

DECIDIR AGIR
Respire fundo. Relaxe. Agora, calmamente, abra os olhos, saia do mundo da mente e entre no mundo da ação. Realize tudo aquilo que você decidiu!
Comece com a decisão e parta para a ação!

Anotações

SUCESSO 13

VOCÊ É UM SER EMOCIONAL, QUE PENSA!
O Poder do Pensamento Racional

CÉREBRO

Uma pessoa nasce com 100 bilhões de neurônios que se comunicam. Os neurônios são pequenos ramos de árvore passando mensagens a outros ramos, enquanto são feitas conexões de pensamento. No cérebro, o córtex pré-frontal é o responsável pelo pensamento racional, a cognição e a consciência.

PENSAR ANTES DE FALAR

Pesquisas atuais indicam que o pensar acontece antes do falar. Elas sugerem que os bebês de quatro meses têm poderes de dedução avançados e uma capacidade de decifrar padrões intricados. Muito antes de dizer "mamãe", as crianças já aprenderam a organizar suas experiências. Elas lembram concretamente de objetos e pessoas e estruturam tal lembrança em pensamento. No primeiro aniversário, mesmo que não fale, seu raciocínio funciona muito bem. A capacidade de pensar muda à medida que ela aprende. *O pensar alimenta o aprender que alimenta o pensar.* É um círculo virtuoso que continua pela vida toda.

GRANDE PENSADOR
GRANDE PERGUNTADOR

Um grande pensador é um grande perguntador. Hoje, na Sociedade do Conhecimento, a capacidade de perguntar é uma faculdade relevante do ser humano. Neste contexto, é vantajoso tornar-se um profissional que faz questionamentos. Pergunte por curiosidade intelectual e para aumentar seus conhecimentos. Pesquise para encontrar respostas. Pergunte sobre assuntos desafiantes. Concorde e discorde. Busque outras saídas. Esta capacidade é benéfica e traz inúmeras recompensas. Permite que se torne cada vez mais inteligente. Estimula que empolgue-se com novas idéias e demonstre entusiasmo. Eleva sua auto-estima. Faz aumentar a sua remuneração! Colabora para que você acumule novas vitórias. **Pense, pergunte e responda.**

CATEGORIAS DE PENSAMENTO

É possível examinar qualquer projeto em que esteja participando, pessoal ou profissional, usando as categorias da Taxionomia de Bloom. Comece do nível mais baixo e chegue até às habilidades superiores.

1. Conhecimento: Capacidade de recordar fatos, informações e conceitos básicos aprendidos anteriormente. Envolve listar, identificar e rotular.

(Pergunte e Responda: Que conhecimentos eu tenho sobre o projeto?).

2. Compreensão: Capacidade de entender o significado da informação. Envolve organizar, comparar, traduzir, explicar, interpretar, descrever e parafrasear.

(Pergunte e Responda: O que compreendi sobre o projeto?).

3. Aplicação: Capacidade de transferir conhecimentos, fatos e informações aprendidas para resolver uma situação. Envolve deduzir, inferir, adaptar, modificar.

(Pergunte e Responda: O que posso aplicar do que já sei neste projeto?).

4. Análise: Capacidade de separar os componentes da informação para que sua estrutura seja entendida. Envolve subdividir, discriminar, classificar e categorizar.

(Pergunte e Responda: Qual a análise que faço deste projeto?).

5. Síntese: Capacidade de combinar elementos para criar uma estrutura nova ou diferente de idéias. Envolve induzir, generalizar, criar, combinar e planejar.

(Pergunte e Responda: Que idéias novas eu posso agregar ao projeto?).

6. Avaliação: Capacidade de julgar o valor de uma informação, idéia, ou qualidade de um trabalho, de acordo com um conjunto estabelecido de critérios. Envolve julgar, comparar, contrastar, criticar e concluir.

(Pergunte e Responda: Como julgo o valor e a qualidade deste projeto?).

Outra alternativa simples e eficiente é usar a ferramenta da qualidade 5W1H. Pergunte: O que? Quem? Quando? Onde? Por quê? Como? Desafie sua mente a pensar com objetividade! Mapeie o que sabe. Estabeleça argumentos contra e a favor. Levante problemas. Antecipe conseqüências desejáveis e indesejáveis. Faça conexões com outros assuntos e projetos. **Pense, pergunte e responda!**

PENSAMENTO DIVERGENTE E CONVERGENTE

Há maneiras diferentes de o cérebro pensar. De acordo com Paul Guilford, o pensamento divergente é uma delas. Consiste em encontrar várias respostas adequadas para resolver um problema. Busca o diferente. Usa mais o hemisfério direito do cérebro: intuitivo e holístico. Contrastando, o pensamento convergente consiste em encontrar uma única resposta certa para solucionar uma situação-problema. É específico e visa um julgamento de acordo com critérios. Usa mais o hemisfério esquerdo: lógico, analítico, seqüencial.

Que tal um desafio de pensamento convergente, proposto por Benito Damasceno? Um homem queria atravessar um rio num barco pequeno e tinha que levar consigo três coisas: uma galinha, uma raposa e um cesto de milho. Como o barco era muito pequeno, ele só podia levar uma coisa de cada vez. Se levasse primeiro a raposa, a galinha comia o milho. Se levasse primeiro o milho, a raposa comia a galinha. Como é que ele tinha de fazer para levar todas as coisas, uma de cada vez, para o outro lado do rio? Pense e responda! A resposta está na parte inferior desta página.

SOMOS O QUE PENSAMOS

Nós escolhemos o que pensar. Por isso, cuidado, não deixe qualquer pensamento entrar em seu cérebro. Você já viu que pode ser muito perigoso! Por outro lado, em se tratando de idéias, banque o "advogado do diabo". Aceite, se for convencido. Em caso contrário, insista em sua argumentação. Deixe a mente aberta ao novo e ao verdadeiro! Seja flexível! Valorize o poder do pensamento racional. Lembre-se sempre: *você é um ser emocional, que pensa!*

Suba mais um degrau da escada do sucesso, junto com Albert Einstein que disse:
A mente que se abre a uma nova idéia jamais voltará ao seu tamanho natural.

Resposta: O homem leva primeiro a galinha, deixando a raposa e o cesto de milho (não há risco de o milho ser comido pela raposa). Retornando, o homem leva a raposa para a outra margem do rio e traz a galinha consigo. Então, deixa a galinha e leva o cesto de milho para a outra margem, onde já se encontra a raposa. Finalmente, retorna e pega a galinha que tinha ficado sozinha, levando-a para a outra margem.

Agenda do Sucesso 13

APRENDENDO A SER UM ÊXITO PESSOAL E PROFISSIONAL

(Os gênios falam com seus cérebros. As crianças-gênios também. Siga bons exemplos)

QUANDO? ONDE?
Encontre um momento para estar sozinho, conversar com você mesmo, descansar o corpo e acalmar a mente. Mergulhe para dentro de você. Escolha um local reservado. Coloque uma música (instrumental) da qual goste muito.

COMO?
Feche os olhos. Sinta sua respiração. Ouça o bater do coração. Recorde situações em que não fez as perguntas que desejava. Simbolicamente, livre-se destas imagens, com movimentos físicos de pegar um pincel de pintar parede e fazer um borrão. Lembre-se de eventos em que fez questionamentos, por curiosidade ou para buscar conhecimentos. Fixe estas imagens. Visualize-se analisando, refletindo, obtendo a compreensão sobre determinado assunto. Abra as portas da mente e deixe pensamentos positivos entrarem. Registre na tela da sua mente, usando letras grandes e coloridas. Eu quero ser um Pensador e um Perguntador. Vou usar diferentes categorias de pensamento para examinar os projetos em que estou envolvido. Em se tratando de idéias, quero ser convencido e convencer. Diga ao cérebro que quer ser flexível e aberto no seu pensamento racional. Pense e fale com você mesmo(a). Diga com clareza o que quer e vai fazer. Construa uma imagem clara no cérebro do novo comportamento desejado.

DIALOGAR
(Conversa livre entre você e o seu cérebro).
Eis algumas sugestões de "falas" que poderá usar neste diálogo.
– Eu sou um Pensador e um Perguntador.
– Deixo a mente aberta ao novo e ao verdadeiro! Sou flexível!
– Valorizo o poder do pensamento racional.
– Vou fazer o seguinte...
Diga ao cérebro para obedecer a suas ordens. Assuma o comando!

PENSAR SENTIR
Pense e repita. Sucesso 13: EU SOU UM SER EMOCIONAL, QUE PENSA! Sei que o meu pensamento racional tem poder!
Afirme com muita emoção! Grave isto em sua mente!

DECIDIR AGIR
Respire fundo. Relaxe. Agora, calmamente, abra os olhos, saia do mundo da mente e entre no mundo da ação. Realize tudo aquilo que você decidiu!
Comece com a decisão e parta para a ação!

Anotações

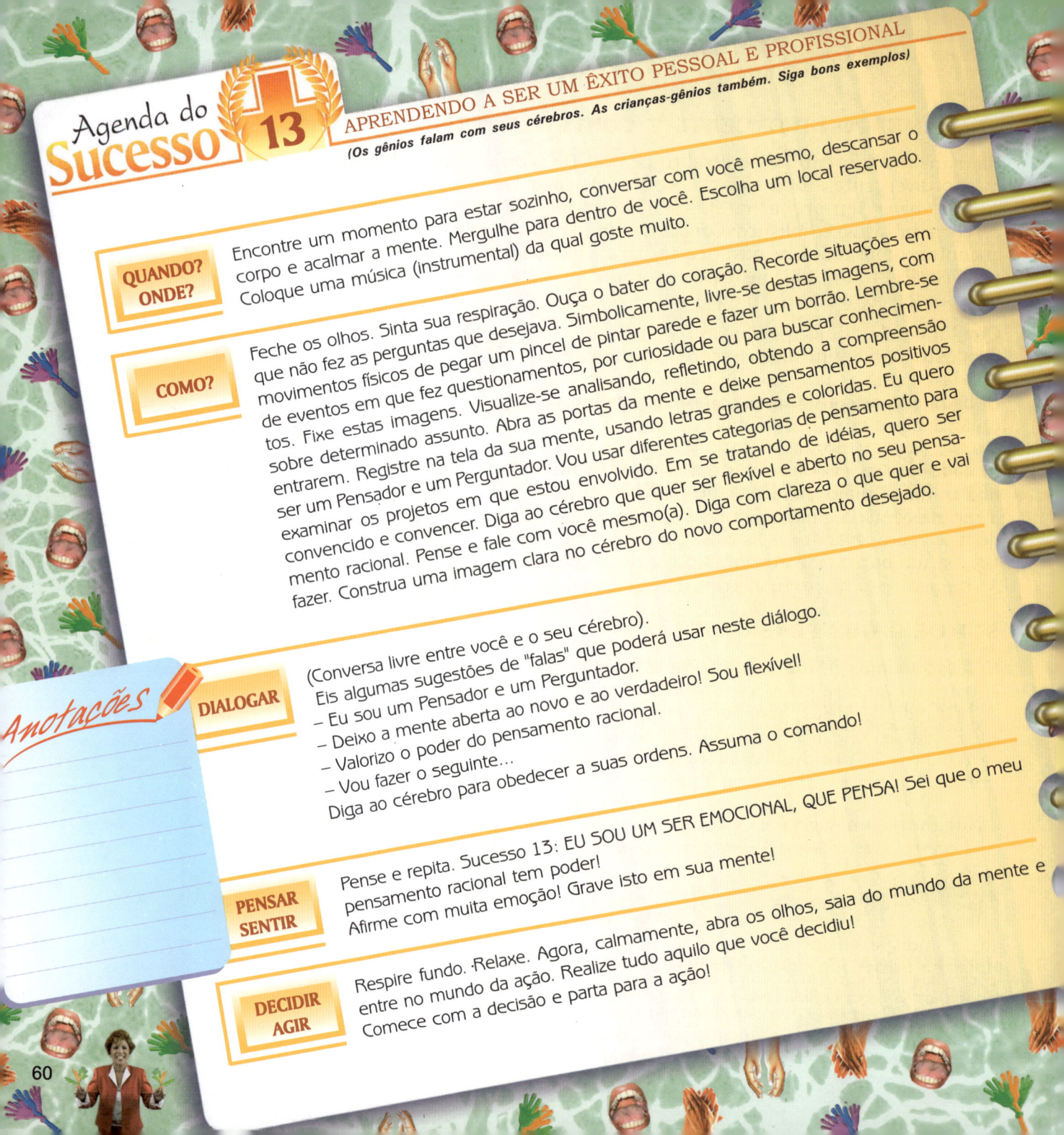

SUCESSO 14

APRENDA: HOJE! AMANHÃ! SEMPRE!
Aprender é o Mapa da Mina do Sucesso!

CÉREBRO

Os neurocientistas dizem que aprendizagem é a comunicação entre dois neurônios. Quando um neurônio manda uma mensagem para outro neurônio, eles aprendem. O ser humano estabelece tais conexões antes de nascer, começando a aprender antes de vir ao mundo. A aprendizagem muda a estrutura física, organiza e reorganiza o cérebro. Como ele é, virtualmente, uma "caixa de emoções", conclui-se que os sentimentos impulsionam a aprendizagem, positiva ou negativamente. Sylwester afirma que a emoção é a força que está por trás do prestar atenção e aprender. Além disso, a aprendizagem não é linear, seqüencial, uma coisa de cada vez, fechada em passos, como se pensava no passado. Este conceito ignora a complexidade real do cérebro e diverge de sua forma de operar, fazendo muitas coisas ao mesmo tempo (multiprocessamento). Jensen diz que o cérebro adora aprender. Sprenger enfatiza que o cérebro foi construído para uma aprendizagem contínua. Pelo que se sabe, a capacidade de aprendizagem é infinita.

APRENDER

Processo interno que capacita a pessoa a realizar novos desempenhos ou mudar de comportamento. Ao envolver-se neste processo, o sujeito pode estar adquirindo informações e conhecimentos *(o que sabe)*; desenvolvendo habilidades e competências *(o que é capaz de fazer)*; dominando valores que vão influir na escolha de hábitos e atitudes *(como vive e convive)*. Colocar em ação o aprendido, aplicando conhecimentos, é indispensável para se alcançar o domínio desejado em qualquer atividade. Hoje, na Sociedade do Conhecimento, sobrevivem e têm êxito as Organizações de Aprendizagem. Ao aprender, os profissionais se tornam o bem mais valioso de tais empresas. O desafio de permanecer trabalhando exigirá que o indivíduo adquira conhecimentos e competências, para adaptar-se às mudanças.

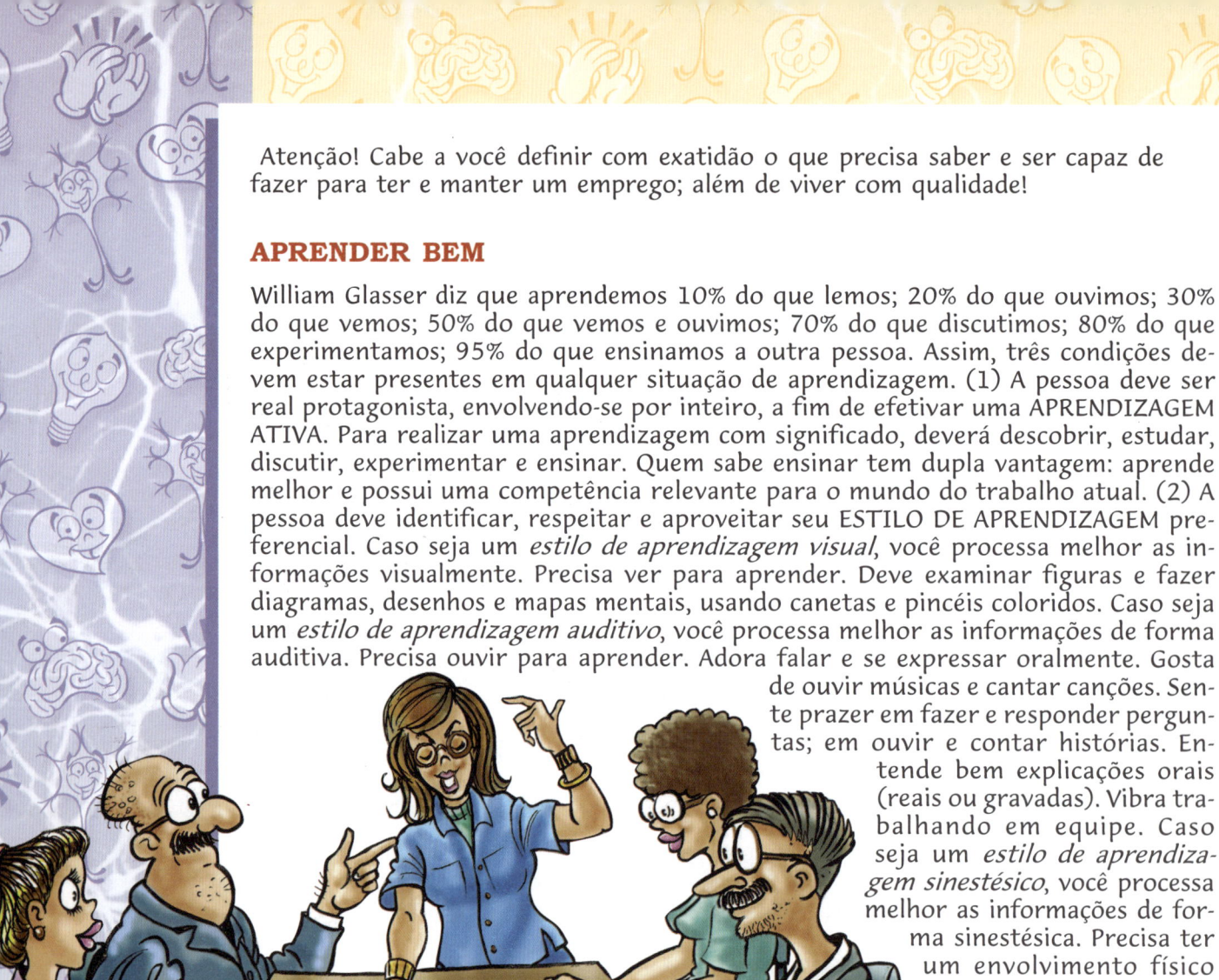

Atenção! Cabe a você definir com exatidão o que precisa saber e ser capaz de fazer para ter e manter um emprego; além de viver com qualidade!

APRENDER BEM

William Glasser diz que aprendemos 10% do que lemos; 20% do que ouvimos; 30% do que vemos; 50% do que vemos e ouvimos; 70% do que discutimos; 80% do que experimentamos; 95% do que ensinamos a outra pessoa. Assim, três condições devem estar presentes em qualquer situação de aprendizagem. (1) A pessoa deve ser real protagonista, envolvendo-se por inteiro, a fim de efetivar uma APRENDIZAGEM ATIVA. Para realizar uma aprendizagem com significado, deverá descobrir, estudar, discutir, experimentar e ensinar. Quem sabe ensinar tem dupla vantagem: aprende melhor e possui uma competência relevante para o mundo do trabalho atual. (2) A pessoa deve identificar, respeitar e aproveitar seu ESTILO DE APRENDIZAGEM preferencial. Caso seja um *estilo de aprendizagem visual*, você processa melhor as informações visualmente. Precisa ver para aprender. Deve examinar figuras e fazer diagramas, desenhos e mapas mentais, usando canetas e pincéis coloridos. Caso seja um *estilo de aprendizagem auditivo*, você processa melhor as informações de forma auditiva. Precisa ouvir para aprender. Adora falar e se expressar oralmente. Gosta de ouvir músicas e cantar canções. Sente prazer em fazer e responder perguntas; em ouvir e contar histórias. Entende bem explicações orais (reais ou gravadas). Vibra trabalhando em equipe. Caso seja um *estilo de aprendizagem sinestésico*, você processa melhor as informações de forma sinestésica. Precisa ter um envolvimento físico para aprender. Gosta de se movimentar e fazer coisas. Sente prazer em dramatizar. Prefere trabalhar com colegas. Fica feliz ao desenvolver projetos: construindo objetos, realizando experiências, jogando e brincando.

(3) A pessoa deve respeitar o TEMPO DE FOCAR E O TEMPO DE PROCESSAR. O cérebro tem um relógio próprio: é desenhado para ciclos de altos e baixos e não para atenção constante. Assim, há um *tempo de focar a atenção no mundo* (ciclo externo), nas informações e conteúdos que o professor apresenta. Após, o cérebro precisa de *tempo de processar as informações* (ciclo interno); fazer conexões e consolidar o aprendido. São manifestações deste ciclo: o "sonhar acordado e deixar a mente vagar". Neste período, não é aconselhável fazer tarefas que exijam concentração. Exemplos de atividades a serem efetivadas neste ciclo: (um breve intervalo de 2 a 5 minutos para) levantar, respirar, alongar, sair da sala, fazer uma rápida caminhada, refletir, ouvir música relaxante, registrar anotações, assistir a um clipe, fazer desenhos e caricaturas, tomar um lanche, conversar com colegas.

APRENDER. DESAPRENDER. REAPRENDER

Tudo aquilo que você aprende é seu, permanentemente. Logo, apaixone-se por novos saberes e novas competências. Aprenda algo novo a cada dia, com os filhos, mulher ou marido, colegas, velhos, crianças, o "homem da carrocinha de cachorro-quente". Torne-se incansável no aprender, desaprender e reaprender. Alegremente, aprenda a vida toda. Não veja a aprendizagem como algo chato e obrigatório (isto era na escola velha) e sim como algo prazeroso. Até o bebê pequenino ri quando aprende a balançar o chocalho.

APRENDER E SUCESSO

Não caia na velha armadilha do "não consigo aprender". O seu cérebro ajudará a "bloquear" a "droga" do aprender. Cuidado com a ausência de vontade e desejo sincero, pois impede a concentração, fator determinante no aprender. Lembre-se: não há êxito sem educação permanente. Quanto mais aprender, mais orgulho sentirá e mais reforçará sua auto-estima! Além disso, a aprendizagem é a chave para se manter jovem. Como eu e você queremos ficar jovens, por muito tempo, vamos aprender hoje, amanhã e sempre!

Alvin Toffler pode inspirar você a subir mais um degrau na escalada da fama. Os analfabetos do Século XXI não serão aqueles que não sabem ler ou escrever; mas aqueles que não conseguem aprender, desaprender e reaprender.

Agenda do Sucesso 14

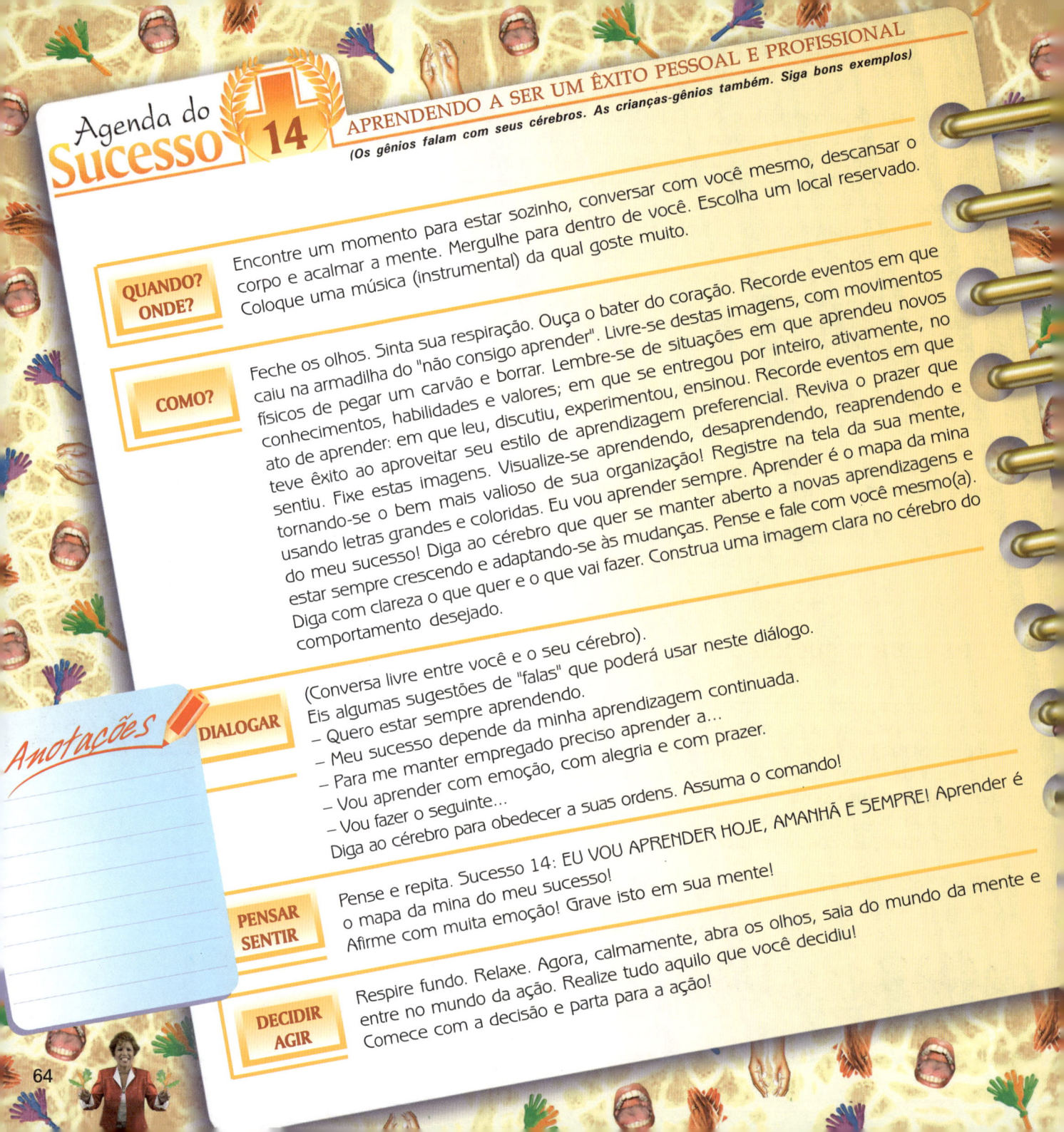

APRENDENDO A SER UM ÊXITO PESSOAL E PROFISSIONAL
(Os gênios falam com seus cérebros. As crianças-gênios também. Siga bons exemplos)

QUANDO? ONDE?
Encontre um momento para estar sozinho, conversar com você mesmo, descansar o corpo e acalmar a mente. Mergulhe para dentro de você. Escolha um local reservado. Coloque uma música (instrumental) da qual goste muito.

COMO?
Feche os olhos. Sinta sua respiração. Ouça o bater do coração. Recorde eventos em que caiu na armadilha do "não consigo aprender". Livre-se destas imagens, com movimentos físicos de pegar um carvão e borrar. Lembre-se de situações em que aprendeu novos conhecimentos, habilidades e valores; em que se entregou por inteiro, ativamente, no ato de aprender: em que leu, discutiu, experimentou, ensinou. Recorde eventos em que teve êxito ao aproveitar seu estilo de aprendizagem preferencial. Reviva o prazer que sentiu. Fixe estas imagens. Visualize-se aprendendo, desaprendendo, reaprendendo e tornando-se o bem mais valioso de sua organização! Registre na tela da sua mente, usando letras grandes e coloridas. Eu vou aprender sempre. Aprender é o mapa da mina do meu sucesso! Diga ao cérebro que quer se manter aberto a novas aprendizagens e estar sempre crescendo e adaptando-se às mudanças. Pense e fale com você mesmo(a). Diga com clareza o que quer e o que vai fazer. Construa uma imagem clara no cérebro do comportamento desejado.

DIALOGAR
(Conversa livre entre você e o seu cérebro).
Eis algumas sugestões de "falas" que poderá usar neste diálogo.
– Quero estar sempre aprendendo.
– Meu sucesso depende da minha aprendizagem continuada.
– Para me manter empregado preciso aprender a...
– Vou aprender com emoção, com alegria e com prazer.
– Vou fazer o seguinte...
Diga ao cérebro para obedecer a suas ordens. Assuma o comando!

PENSAR SENTIR
Pense e repita. Sucesso 14: EU VOU APRENDER HOJE, AMANHÃ E SEMPRE! Aprender é o mapa da mina do meu sucesso!
Afirme com muita emoção! Grave isto em sua mente!

DECIDIR AGIR
Respire fundo. Relaxe. Agora, calmamente, abra os olhos, saia do mundo da mente e entre no mundo da ação. Realize tudo aquilo que você decidiu!
Comece com a decisão e parta para a ação!

Anotações

SUCESSO 15

GUARDE AS MEMÓRIAS QUE VALEM A PENA!
Apague as Lembranças que Não Valem!

MEMÓRIA

A EMOÇÃO impulsiona a ATENÇÃO; que impulsiona a APRENDIZAGEM; que impulsiona a MEMÓRIA; que é a evidência da aprendizagem. As memórias são formadas pela conexão entre os neurônios: as sinapses. Qual é o trajeto percorrido no cérebro? A informação entra através dos cinco sentidos. É filtrada pelo tronco cerebral, vai para o tálamo que a classifica e manda ao córtex. O córtex decide se deve fazer algo ou guardar na memória de "longo prazo". Se for informação fatual, o córtex manda ao hipocampo a fim de catalogar e arquivar; se julgar relevante, manda a informação emocional para a amígdala arquivar.

DIFERENTES MEMÓRIAS

O cérebro usa diferentes tipos de memória. Um simples número de telefone vai para a *memória de curto prazo*, imediata, descartável; dura apenas alguns segundos. O conjunto de dados sobre um evento empresarial a ser realizado vai para a *memória de trabalho ou intermediária*, temporária: dura horas e até dias. A cerimônia da formatura vai para a *memória de longo prazo*, que dura a vida toda ou por longo período. O cérebro possui também *Faixas de Memória* nas quais guarda certas lembranças específicas. *A Faixa Semântica* (a mais usada pelas escolas) concentra a recordação de informações e conhecimentos aprendidos (palavras, símbolos, nomes, fatos, abstrações). A *Faixa Episódica* está ligada à recordação de experiências pessoais do passado e dos locais onde elas aconteceram. *A Faixa Emocional* abriga a recordação de emoções e sentimentos, associados a certos eventos. *A Faixa de Procedimentos* guarda a recordação de habilidades motoras, rotinas, hábitos, processados com o corpo.

Cosete Ramos

MEMÓRIA E EMOÇÃO

Por que o Hino Nacional que aprendemos quando criança nos acompanha a vida toda? Porque tem significado e está mergulhado em emoções. *A Memória Emocional é a mais poderosa de todas as memórias*. Importante para você: sempre que for aprender algo, procure estabelecer conexões emocionais ou sentimentais com a nova aprendizagem, pois recordará muito melhor. Eis um pensamento brilhante de Voltaire: "O que toca o coração se guarda na memória".

MEMÓRIA E CORPO

Sabe-se que, até para andar de bicicleta se precisa da memória. A *Memória de Procedimentos ou Corporal-Sinestésica* está localizada no cerebelo. Ela é muito poderosa. O que se aprende com o corpo não se esquece. Se repetir um movimento várias vezes, ele se torna uma memória permanente. Se junto ao movimento for associada uma aprendizagem, esta também se torna permanente. Use diferentes partes do corpo para recordar. Por exemplo, toque na orelha e lembre de telefonar para o filho que está com febre; nos olhos e lembre de buscar os óculos na ótica; na boca e lembre de pegar o diretor para almoçar; nas mãos e lembre de escrever um cartão elogiando a sua secretária.

PRÁTICA E REPETIÇÃO

Se ouvir, ver ou fizer algo uma única vez, poderá ficar em sua mente por minutos. Se ouvir, ver ou fizer algo novamente, dentro de uma hora, lembrará por um tempo maior. Se este processo se repetir outras vezes, poderá ser recordado para sempre. Portanto, é fundamental **praticar, ensaiar e repetir. De certa forma, a repetição informa ao cérebro que aquilo tem relevância**. Estudiosos sugerem que são necessárias cinco repetições para algo entrar na memória de longo prazo (10-1-1-1-6). Repetir em 10 minutos. Repetir em 1 hora. Repetir em 1 semana. Repetir em 1 mês. Repetir em 6 meses. Outros falam em 21 repetições, por 21 dias consecutivos, sem interrupção. Você também pode dar uma boa "mãozinha" para o cérebro e ajudar a memória: coloque algumas coisas em sua agenda!

ESTIMULAÇÃO

Use formas efetivas de estimular a memorização: jogos; palavras cruzadas; mnemônicos; desenhos; organizadores gráficos; mapas mentais; rimas; associações e *principalmente leituras*. Desenvolva sua memória decorando novas letras de músicas, relembrando informações e acontecimentos, declamando poesias e participando de concursos e desafios que envolvam recordação. Lembre de brincadeiras infantis e repita com seus filhos e sobrinhos. Remexa no baú das "velharias" e confeccione álbuns fotográficos. Leia seus diários. Veja vídeos da escola. Estimule bate-papos sobre histórias da família. Merece atenção especial o lembrar o nome de uma pessoa. Eis uma sugestão: (1) Compreenda o nome dela. (2) Repita oralmente o nome três vezes, enquanto fixa seu rosto. (3) Escreva mentalmente o nome na testa da pessoa ou faça alguma associação. (4) Após, visualize o rosto (5 *flashes*). (5) Repita o nome 5 vezes, com emoção. Se os futuristas estão certos, ao sugerir que será possível mudar entre 10 e 14 carreiras, durante a vida profissional, manter a sua memória funcionando muito bem será fundamental para o êxito no trabalho, independentemente de qual seja ele!

MÁS x BOAS MEMÓRIAS

Naturalmente, o cérebro joga fora informações racionais ou emocionais que não têm importância ou são inúteis. A fim de garantir a sobrevivência do organismo, a nossa mente descarta lembranças que nos fazem sofrer. Os estudos mostram que é preciso esquecer experiências, sensações e pessoas; "deletar" recordações perturbadoras. Se tiver uma lembrança má (de se sentir desvalorizado) coloque em cima dela uma outra lembrança boa (em que foi valorizado), até apagar a primeira e substituir pela segunda. Fazer uma faxina na mente é condição para que se possa viver melhor. Lembranças prazerosas, com significado emocional, além de saudáveis, aumentam a alegria, reforçam a harmonia interna, estimulam a criatividade e ficam guardadas para sempre. Ouça a poetisa Amélia Prado: "Aquilo que a memória amou fica eterno".

Lembre-se de algo bom demais que aconteceu em sua vida! Acompanhado(a) desta emocionante memória, dê mais um passo na estrada do sucesso!

Agenda do Sucesso 15

APRENDENDO A SER UM ÊXITO PESSOAL E PROFISSIONAL
(Os gênios falam com seus cérebros. As crianças-gênios também. Siga bons exemplos)

QUANDO? ONDE?
Encontre um momento para estar sozinho, conversar com você mesmo, descansar o corpo e acalmar a mente. Mergulhe para dentro de você. Escolha um local reservado. Coloque uma música (instrumental) da qual goste muito.

COMO?
Feche os olhos. Sinta sua respiração. Ouça o bater do coração. Recorde experiências que não foram boas e que ainda lhe causam sofrimento. Simbolicamente, livre-se destas imagens, fazendo explodir uma bombinha, que estraçalhará tudo o que possa atrapalhar sua vida. Faça uma completa faxina em seu cérebro. Tire do baú o que lhe incomoda. Lembre de situações que lhe trazem boas memórias. Reviva o prazer que sentiu. Fixe estas imagens. Visualize-se recordando o passado: criança, adolescente, adulto, com alegria e satisfação. Registre na tela de sua mente, usando letras grandes e coloridas. Vou guardar as memórias que valem a pena. Vou apagar as que não valem. Diga ao cérebro que não deseja guardar lembranças que o(a) prejudicam. Fale que quer substituir as lembranças más por lembranças boas. Fale que isto é importante para que possa viver muito melhor e mais feliz. Pense e fale com você mesmo(a). Use palavras, frases, afirmações. Diga com clareza o que quer e o que vai fazer. Construa uma imagem clara no cérebro do novo comportamento que deseja.

DIALOGAR
(Conversa livre entre você e o seu cérebro).
Eis algumas sugestões de "falas" que poderá usar neste diálogo.
– Quero guardar as lembranças que foram importantes para mim.
– Desejo lembrar momentos em que me saí muito bem.
– O que não vale a pena eu vou apagar de minha mente.
– Recordarei situações em que fui valorizado. Naquele dia...
– Vou fazer o seguinte...
Diga ao cérebro para obedecer a suas ordens. Assuma o comando!

PENSAR SENTIR
Pense e repita. Sucesso 15: EU VOU GUARDAR AS MEMÓRIAS QUE VALEM A PENA! Vou apagar as lembranças que não valem!
Afirme com muita emoção! Grave isto em sua mente!

DECIDIR AGIR
Respire fundo. Relaxe. Agora, calmamente, abra os olhos, saia do mundo da mente e entre no mundo da ação. Realize tudo aquilo que você decidiu!
Comece com a decisão e parta para a ação!

Anotações

SUCESSO 16

VOCÊ É UMA PESSOA MUITO CRIATIVA!
Faça sua Imaginação Desabrochar!

IMAGINAÇÃO

Damásio, ao estudar a origem da mente consciente, pergunta: "Como o cérebro cria a mente? Como a cadeia de processos que chamamos de mente resulta da atividade do órgão que chamamos de cérebro?" É fantástico o poder sem limites do cérebro de imaginar o novo. Examinando seu funcionamento, estudos mostram que a amígdala exerce uma tremenda influência sobre o córtex. Há mais impulsos vindos da amígdala para o córtex do que o inverso. O efeito de remover a amígdala é devastador: destrói a imaginação. Robert e Michèle Root-Bernstein afirmam que o pensamento criativo ocorre antes da fala e que a lógica do pensamento criativo é diferente da lógica do pensamento racional. O primeiro se manifesta através de imagens, movimentos musculares, emoções, sentimentos, intuições, sensações corporais. O segundo se expressa através de números, letras, matemática e linguagem. Sensações e imagens ocorrem antes que seu significado possa ser expresso em palavras ou números. *Assim, para pensar criativamente é preciso sentir antes. O pensamento criativo é visceral, orgânico, tem a ver com a "barriga".*

INTUIÇÃO

Acredita-se que seja uma inspiração, um sexto sentido. Os cientistas dizem que o inconsciente é um método de trabalho mental que executa tarefas fundamentais e que a intuição é um brinde do inconsciente. Ela tem papel decisivo na imaginação. A noite é o momento mágico da criatividade! É quando afloram as intuições e são feitas novas associações. Há suspensão do pensamento crítico e do julgamento prematuro. Foge-se do controle da racionalidade e da censura.

INOVAÇÃO

Hoje, o profissional deve usar o cérebro para criar e inovar. Rosabeth Kanter diz que as pessoas têm o poder de vislumbrar possibilidades novas, ver coisas que ainda não aconteceram e torná-las realidade, além de descobrir formas alternativas de resolver os problemas. O movimento para criar os "15 minutos de vantagem competitiva": fazer mais rápido e melhor, atraindo e mantendo o cliente satisfeito, depende da capacidade inventiva dos profissionais de uma empresa. Nunca a imaginação valeu tanto! **Prevê-se que a criatividade seja uma das facetas do talento mais valorizada no século XXI.** Ter idéias brilhantes não é privilégio das pessoas geniais. Todos os seres humanos têm lampejos e são capazes de efetuar novas descobertas. Responda as perguntas que Dulce Guimarães faz a fim de saber se você é realmente criativo: *Você cria novas rotinas para seu dia-a-dia? Você faz sempre programas diferentes em suas folgas? Você lê sobre diferentes assuntos e se interessa por temas além de sua atividade profissional? Você se relaciona com pessoas de diferentes segmentos? Você tem uma vida ativa fora do trabalho e da família? Você dá sugestões e idéias para resolução de problemas? Você tem foco em solução? Você estuda novos meios de fazer as coisas?* Como se saiu: respondeu muitos SIMs? Eu tinha razão: você é uma pessoa muito criativa!

No mundo atual do trabalho, o que se espera que faça? Apresentar novas idéias. Propor transformações. Sugerir estratégias. Modificar processos. Bolar novo canal de distribuição. Melhorar a qualidade de produto já existente. Convencer pessoas de que a mudança vale a pena. Planejar sua implementação. *Transformar idéias criativas em negócios lucrativos*. Espera-se o seu engajamento e sua participação ativa no processo de inovação. Diga, em "alto e bom som": "estou nesta jogada!"

O DESABROCHAR DA IMAGINAÇÃO

Eis algumas sugestões que são importantes.

Garanta um clima ideal que estimule sua intuição e imaginação. Um ambiente seguro, no qual não haja medo de errar, julgamento ou exposição ao ridículo. Um local que incentive o correr riscos e o aventurar-se: que estimula a curiosidade e o fazer muitas perguntas. Um espaço que desafie a pessoa a ser diferente, quebrando os padrões normais de raciocínio, onde haja liberdade e se possa usar o corpo todo para pensar.

Utilize um método para estimular sua intuição e imaginação. O cientista francês Henri Poincaré propõe os quatro passos da criação: (1) Preparação: estude bem o assunto. Conhecimento e dedicação estimulam idéias criativas. Thomas Edison, inventor de 1.032 patentes, diz que criatividade é 99% de esforço e 1% de inspiração. (2) Incubação: afaste-se do desafio por um tempo. Realize outras tarefas. Divirta-se. Tire uma soneca. Deixe o inconsciente trabalhar por você. (3) Iluminação: quando menos esperar, a idéia explode. (4) Avaliação: verifique se a idéia funciona na prática; caso contrário, com entusiasmo e esperança, parta para outras criações.

Evite o maior inimigo da criatividade: o julgamento prematuro. Inicialmente, não se preocupe se a idéia é idiota, louca, se tem futuro ou não. Para "sair da caixa" é necessário adotar uma atitude flexível. Primeiro, é preciso estimular a divergência, adiar julgamento, pegar carona nas idéias dos outros; gerar quantidade. Depois, é hora da convergência, julgar as melhores idéias; focar na qualidade.

Faça do processo criativo um momento de real alegria. Os estudos indicam que a criatividade envolve o cérebro inteiro, em especial a amígdala. As emoções impulsionam a imaginação. Coloque-se num estado de espírito alegre, quando for "bolar" algo ou resolver um problema. Enfrente o desafio com risadas e muito bom humor. Aproveite para dar boas gargalhadas de suas gafes e tentativas frustradas!

Confie em sua capacidade e aceite desafios. A música estimula a aprendizagem, a memória e a criatividade. Proponho a você um desafio, a fim de verificar "a quantas anda" sua imaginação. Ouça a música "Imagina" de Tom Jobim e Chico Buarque. Depois, responda sinceramente. O que conseguiu ver? A lua se apagar? A lua murchar? O abrir a porta para a noite passar? O sol da manhã? Serpentinas para o ar? Sete fitas coloridas? Avenidas para qualquer lugar? O menino que passa debaixo do arco-íris e vira moça? A menina que volta e cruza e volta a ser rapaz? Como se saiu? Conseguiu imaginar tudo isto? SIM! Você merece muitas palmas!

Ao som desta música e das palmas, dê mais um passo para a fama!

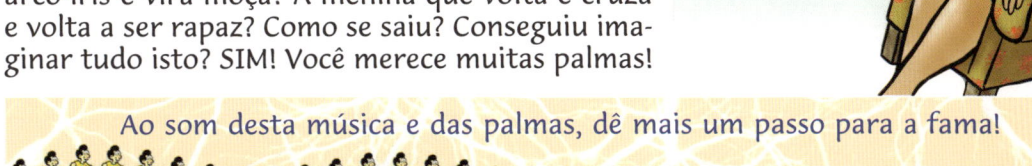

Agenda do Sucesso 16

APRENDENDO A SER UM ÊXITO PESSOAL E PROFISSIONAL

(Os gênios falam com seus cérebros. As crianças-gênios também. Siga bons exemplos)

QUANDO? ONDE?
Use o poder fantástico do seu cérebro para criar uma Torre em sua mente. Batize-a com o nome que quiser. Aproprie-se dela. Encha-a de beleza. Imagine os ambientes que possui. No porão, deixe apenas o que deseja do seu passado. Na sala, faça entrar as pessoas que quer ao seu lado. Visualize-se em cima da Torre. Construa um telão bem grande para ver o mundo inteiro. Crie um painel ou *outdoor* onde poderá escrever mensagens importantes para você mesmo. Aprenda a acessar o seu cérebro, a qualquer hora. Basta fechar os olhos e entrar em sua Torre. Mergulhe para dentro de você. Descanse o corpo e acalme a mente. Coloque uma música (instrumental) da qual goste muito.

COMO?
Feche os olhos. Sinta a respiração. Ouça o bater do coração. Recorde experiências em que teve idéias e ficou com medo ou vergonha de apresentá-las. Pense nas vezes em que não se achou criativo(a). Simbolicamente, livre-se destas imagens, jogando-as na lata do lixo. Lembre-se de situações em que usou o cérebro para criar e inovar. Reviva o prazer que sentiu. Fixe estas imagens. Visualize-se propondo mudanças e sendo aplaudido(a). Registre no painel da sua Torre, usando letras grandes e coloridas. Eu sou uma pessoa muito criativa. Vou fazer a minha imaginação desabrochar. Diga ao cérebro que está na "jogada da inovação", pois é essencial para o seu futuro. Pense e fale com você mesmo(a). Use palavras, frases, afirmações. Diga com clareza o que quer e vai fazer. Construa no cérebro a imagem do comportamento desejado.

DIALOGAR
(Conversa livre entre você e o seu cérebro).
Eis algumas sugestões de "falas" que poderá usar neste diálogo.
– Para desenvolver minha imaginação usarei estratégias como...
– Quero transformar uma idéia criativa em um negócio lucrativo.
– Vou fazer o seguinte...
Diga ao cérebro para obedecer a suas ordens. Assuma o comando!

PENSAR SENTIR
Pense e repita. Sucesso 16: EU SOU UMA PESSOA MUITO CRIATIVA! Vou fazer minha imaginação desabrochar!
Afirme com muita emoção! Grave isto em sua mente!

DECIDIR AGIR
Respire fundo. Relaxe. Agora, calmamente, abra os olhos, saia do mundo da mente e entre no mundo da ação. Realize tudo aquilo que você decidiu!
Comece com a decisão e parta para a ação!

Anotações

SUCESSO 17

VOCÊ POSSUI 9 (NOVE) INTELIGÊNCIAS!
Bravo! É um Ser Superinteligente!

INTELIGÊNCIA

Antigamente, pensava-se que a inteligência residia em um local determinado no cérebro. Era considerada única e fixa. Não mudava com o tempo. Podia ser medida com um número (Quociente Intelectual), a partir do qual o sujeito era rotulado como sabido (QI alto), médio ou burro (QI baixo). Atualmente, a inteligência é vista como uma função do cérebro e várias partes dele estão envolvidas em qualquer ação inteligente. Não é fixa. Muda com o tempo. Entre 10 e 20 anos muda muito. *Todas as pessoas são sabidas, porém de formas diferentes.*

INTELIGÊNCIAS MÚLTIPLAS

A partir das descobertas da neurociência, a nova visão caracteriza a inteligência como uma entidade multifacetada em estado de constante mudança. Howard Gardner (Universidade de Harvard-EUA), líder da equipe multidisciplinar que sistematizou a Teoria das Inteligências Múltiplas, conceitua a inteligência como a capacidade de resolver problemas ou criar produtos que são valorizados em um ou mais ambientes culturais. Segundo a concepção citada, o ser humano nasce com e possui, pelo menos, nove 9 (nove) inteligências.

1. Você é capaz de comunicar-se através de palavras. Uma pessoa sabida nesta inteligência gosta de escrever histórias, ler livros, fazer discursos. Poderá vir a ser escritora, jornalista, comunicadora. BRAVO! Você tem *Inteligência Verbal-Lingüística.* 2. Você é capaz de lidar com relações e padrões. Uma pessoa sabida nesta inteligência gosta de problemas, números, computar. Poderá vir a ser programadora, engenheira, filósofa, cientista, juíza, advogada. BRAVO! Você tem *Inteligência Lógico-Matemática.*

3. Você é capaz de lidar com imagens e modelos. Uma pessoa sabida nesta inteligência gosta de formas, cores, pintar, esculpir, arrumar ambientes. Poderá vir a ser arquiteta, escultora, decoradora, fotógrafa, topógrafa, piloto, navegadora. **BRAVO!** Você tem *Inteligência Visual Espacial.* 4. Você é capaz de lidar com sons e ritmos. Uma pessoa sabida nesta inteligência gosta de melodias, timbres, cantar, tocar instrumento. Poderá vir a ser compositora, regente de corais, instrumentista, cantora. **BRAVO!** Você tem *Inteligência Rítmica Musical.* 5. Você é capaz de expressar-se através do corpo. Uma pessoa sabida nesta inteligência gosta de se movimentar, dramatizar, praticar esportes, dançar, fazer mímicas. Poderá vir a ser atriz, cirurgiã, atleta, mágica. **BRAVO!** Você tem *Inteligência Corporal Sinestésica.* 6. Você é capaz de se autoconhecer; gerenciar seu projeto de vida, emoções e aprendizagem. Uma pessoa sabida nesta inteligência analisa suas forças e fraquezas; é atraída por intuições, fantasias, sonhos; estabelece gols; faz planos; clarifica valores e crenças. Poderá vir a ser filósofa, líder político, religiosa. **BRAVO!** Você tem *Inteligência Intrapessoal!* 7. Você é capaz de lidar com os seres humanos. Uma pessoa sabida nesta inteligência tem sensibilidade para as emoções alheias; prefere fazer amigos; ensinar colegas e resolver conflitos; gosta de liderar e trabalhar em grupo. Poderá vir a ser líder, consultora, vendedora, educadora, política. **BRAVO!** Você tem *Inteligência Interpessoal.* 8. Você é capaz de se relacionar com o meio ambiente e o cosmos. Uma pessoa sabida nesta inteligência gosta de cuidar de flores e animais; coleciona rochas ou insetos. Poderá vir a ser veterinária, astrônoma, oceanógrafa. **BRAVO!** Você tem *Inteligência Naturalista.* 9. Você é capaz de ter preocupações de natureza existencial. Uma pessoa sabida nesta inteligência formula perguntas sobre universo, vida, morte. Poderá vir a ser devota, líder espiritual, teóloga. **BRAVO!** Você tem *Inteligência Espiritual.* **BRAVO! Você é SUPERINTELIGENTE!**

PERFIL DE INTELIGÊNCIAS

Cada ser humano tem uma combinação própria e única de inteligências, inteligências essas que operam em conjunto. A pessoa possui 9 (nove) inteligências. Porém, o potencial genético de uma pode ser bem maior do que o de outra. *Há uma inteligência de maior potencial (dominante), onde está o seu talento, e outra de menor potencial, onde se situam suas fraquezas e dificuldades.* Entre estes dois extremos é possível situar e distribuir todas as outras inteligências.

DESENVOLVER A INTELIGÊNCIA

Gardner adverte que não adianta ter o potencial genético se não forem oferecidas muitas oportunidades de prática. Uma inteligência só desabrochará em ambiente propício e se presentes as condições necessárias. A prática adequada possibilita que uma inteligência seja aumentada e maximizada. Logo, o Perfil de Inteligências da Pessoa pode mudar em função das atividades que decidir efetuar. Por exemplo, se deseja trabalhar na área de vendas, deverá investir em sua inteligência verbal-lingüística. Ao fazer isso, estará rompendo suas limitações e oferecendo a si novas chances de crescer. *Olha que responsabilidade: está em suas mãos desenvolver ao máximo todas as suas inteligências!*

SER INTELIGENTE

Pesquisa feita no Brasil mostra que 78% dos trabalhadores estão infelizes. Uma possível explicação consistiria no fato de a pessoa estar realizando trabalho não coerente com a sua inteligência de maior potencial (pontos fortes). Estudos sugerem que onde reside o talento está a felicidade. Caso confirmados, para ser feliz é essencial ser fiel ao que você tem de melhor.

Por outro lado, as empresas sabem que a inteligência é a principal riqueza, o ativo mais importante na nova economia. Assim, buscam um profissional multifacetado, com múltiplas inteligências, tanto racional como emocional.

Portanto, *ser inteligente implica levar com você e usar sempre as suas 9 inteligências, em tudo o que faz, na vida pessoal e na vida profissional!* Ao participar de um projeto, escreva, desenhe, construa mapas mentais, trace fluxogramas, faça músicas, antecipe o que pode dar errado, dramatize com seus colegas o futuro pós-projeto.

Sentindo a glória de Ser Superinteligente, suba outro degrau na escalada da fama!

Agenda do Sucesso

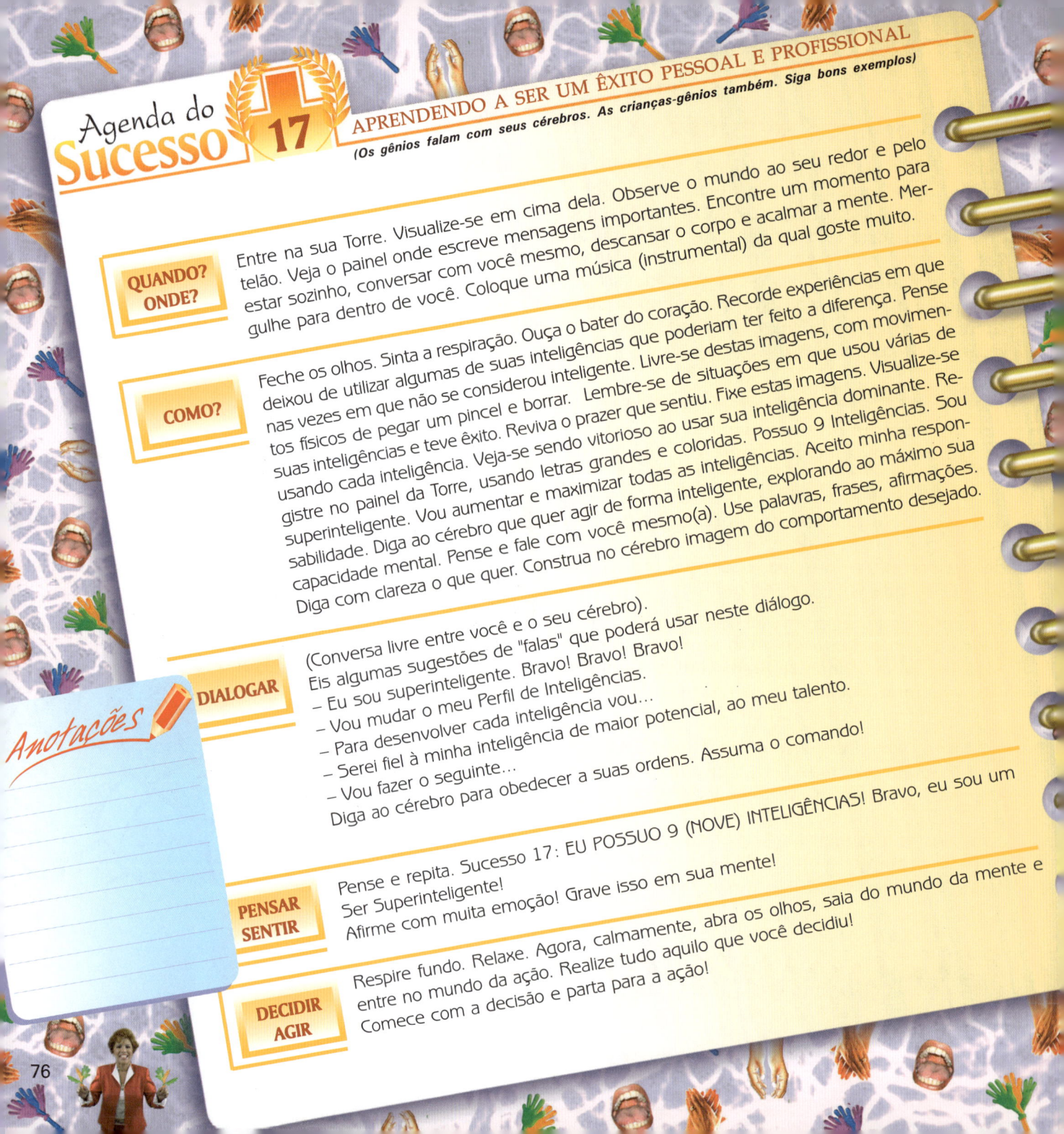

17 — APRENDENDO A SER UM ÊXITO PESSOAL E PROFISSIONAL
(Os gênios falam com seus cérebros. As crianças-gênios também. Siga bons exemplos)

QUANDO? ONDE?
Entre na sua Torre. Visualize-se em cima dela. Observe o mundo ao seu redor e pelo telão. Veja o painel onde escreve mensagens importantes. Encontre um momento para estar sozinho, conversar com você mesmo, descansar o corpo e acalmar a mente. Mergulhe para dentro de você. Coloque uma música (instrumental) da qual goste muito.

COMO?
Feche os olhos. Sinta a respiração. Ouça o bater do coração. Recorde experiências em que deixou de utilizar algumas de suas inteligências que poderiam ter feito a diferença. Pense nas vezes em que não se considerou inteligente. Livre-se destas imagens, com movimentos físicos de pegar um pincel e borrar. Lembre-se de situações em que usou várias de suas inteligências e teve êxito. Reviva o prazer que sentiu. Fixe estas imagens. Visualize-se usando cada inteligência. Veja-se sendo vitorioso ao usar sua inteligência dominante. Registre no painel da Torre, usando letras grandes e coloridas. Possuo 9 Inteligências. Sou superinteligente. Vou aumentar e maximizar todas as inteligências. Aceito minha responsabilidade. Diga ao cérebro que quer agir de forma inteligente, explorando ao máximo sua capacidade mental. Pense e fale com você mesmo(a). Use palavras, frases, afirmações. Diga com clareza o que quer. Construa no cérebro imagem do comportamento desejado.

DIALOGAR
(Conversa livre entre você e o seu cérebro).
Eis algumas sugestões de "falas" que poderá usar neste diálogo.
– Eu sou superinteligente. Bravo! Bravo! Bravo!
– Vou mudar o meu Perfil de Inteligências.
– Para desenvolver cada inteligência vou...
– Serei fiel à minha inteligência de maior potencial, ao meu talento.
– Vou fazer o seguinte...
Diga ao cérebro para obedecer a suas ordens. Assuma o comando!

PENSAR SENTIR
Pense e repita. Sucesso 17: EU POSSUO 9 (NOVE) INTELIGÊNCIAS! Bravo, eu sou um Ser Superinteligente!
Afirme com muita emoção! Grave isso em sua mente!

DECIDIR AGIR
Respire fundo. Relaxe. Agora, calmamente, abra os olhos, saia do mundo da mente e entre no mundo da ação. Realize tudo aquilo que você decidiu!
Comece com a decisão e parta para a ação!

Anotações

SUCESSO 18
COMO ANDA SUA CAPACIDADE DE AUTOGESTÃO?
Reforce a Inteligência Intrapessoal!

INTELIGÊNCIA EMOCIONAL

As inteligências interpessoal e intrapessoal englobam o que se batizou de Inteligência Emocional. Daniel Goleman, autor do livro mais lido sobre o tema, afirmou, em conferência à qual assisti nos EUA, que profissionais de sucesso não são os melhores alunos, de notas altas, com alto Quociente Intelectual (QI). Pesquisas comprovam que as "estrelas no trabalho" são seres humanos "soberbos", com os quais os colegas gostam de estar e conviver. Em termos de êxito, a inteligência emocional é duas vezes mais importante do que a soma do QI e das habilidades técnicas de um indivíduo. Além disso, quanto mais alto a pessoa sobe na hierarquia da instituição, mais crucial se torna a inteligência emocional. Estudos indicam que *85% a 90% dos fatores de sucesso de um líder estão associados a dimensões da inteligência emocional.*

Logo, vale a pena apostar nesta inteligência!

INTELIGÊNCIA INTRAPESSOAL

Trata-se de uma das inteligências mais importantes para vencer no século XXI! Dois domínios emocionais distintos a compõem.

1.*Autoconhecimento.* Esta competência capacita a pessoa a ter ciência e entender seus estados internos, preferências, intuições, emoções e sentimentos. Envolve o (1) *autoconhecimento emocional:* reconhecer as próprias emoções e seus efeitos; (2) *auto-avaliação acurada*: conhecer suas forças e limites e (3) *autoconfiança:* ter certeza de sua capacidade e do próprio valor *(auto-estima)*. Goleman e outros dizem que a autoconsciência permite identificar as próprias emoções e reconhecer seus impactos nos relacionamentos, possibilitando, ainda, conhecer nossos próprios limites e possibilidades, fundamentos essenciais para a autoconfiança.

2. *Autogestão*. Esta competência capacita a pessoa a administrar e controlar seus estados internos e impulsos. Envolve (1) *autocontrole:* gerenciar emoções/reações destruidoras; (2) *consciência e integridade:* o aceitar de suas responsabilidades; (3) *adaptabilidade:* ter flexibilidade para lidar com a mudança; (4) *iniciativa e inovação:* estar pronto a agir; ser aberto a novas idéias; (5) *impulso no sentido da realização:* esforçar-se para melhorar e alcançar um padrão de excelência *(automotivação)*. Os autores citados afirmam que a autogestão proporciona transparência, uma vez que a abertura autêntica em relação às próprias crenças e sentimentos demonstra integridade, passando a sensação de uma pessoa ou líder confiável.

AVALIANDO SUA INTELIGÊNCIA INTRAPESSOAL

Trata-se da outra inteligência vista como mais importante para vencer no século XXI!

Eis um desafio para você: é hora de fazer uma auto-avaliação de sua Inteligência Intrapessoal. Atribua um valor (1/5) para o *domínio Autoconhecimento*. (5): se considera muito bem. (4): bem. (3): mediano. (2): fraco. (1): muito fraco. Faça o mesmo em relação ao *domínio Autogestão*. O máximo de pontos é 10. Se tiver obtido 9 ou 10 pontos, sua Inteligência Intrapessoal é alta. De 6 a 8 pontos: é razoável. De 2 a 5 pontos: é baixa. Fica a seguinte sugestão: reflita sobre sua auto-avaliação. Decida o que você vai fazer e faça. Defina as estratégias de melhoria que pretende efetivar em função do compromisso que você assumiu e mantém com a sua própria excelência.

AUTOMOTIVAÇÃO

Perguntado sobre como motivar; como obter participação e compromisso; como conseguir resultados através de pessoas; Dr. William Glasser, famoso psicólogo, afirma que ninguém motiva ninguém, pois só o sujeito é capaz de se motivar, pois este é um fenômeno pessoal (automotivação), intransferível e causado de dentro para fora. Os indivíduos são motivados por cinco necessidades básicas de sua espécie. Examine a exemplificação destas cinco necessidades no âmbito profissional, enfatizando a caracterização da empresa. (1) *Necessidade de Sobrevivência:* é satisfeita quando há um ambiente organizado, com infra-estrutura adequada, salário justo, recompensas e prêmios; onde não há medo, ameaça ou coerção. (2) *Necessidade de Liberdade*: é satisfeita quando a pessoa tem voz e espaço para conduzir suas atividades; sugerir e criticar; influenciar no trabalho. (3) *Necessidade de Poder:* é satisfeita quando há gestão descentralizada; delegação de autoridade; participação ampla nos destinos, decisões, ações. (4) *Necessidade de Alegria*: é satisfeita quando há um clima de congraçamento: descontraído e feliz; festivo; contagiante. (5) *Necessidade de Amor*: é satisfeita quando há um ambiente que priorize o bem-querer; deixe falar o coração; que resgate o poder das emoções; que estimule a amizade e o espírito de parceria.

Há uma ligação poderosa entre automotivação e sucesso. Visualize uma pessoa auto-motivada em plena atuação. Ela define e persegue seus objetivos e metas, luta por sonhos e desejos; sabe o que quer. Deseja vencer. Entra para valer na mudança. Aproveita oportunidades. Coloca esforço e persistência no que realiza. Adota atitude positiva ao enfrentar desafios. Demonstra energia e bom humor. Está cheia de entusiasmo e paixão. Alcança seus propósitos. *O ser humano automotivado se denuncia pelo brilho no olhar*. Logo, se você quiser alcançar vitórias, mantenha-se auto-motivado(a). Considere como um dever para com você mesmo!

HOJE É DIA DE MUDANÇA!!!

O filósofo francês Jean Paul Sartre baseava seu pensamento na crença de que o homem é o único responsável por seu destino, a partir das escolhas individuais que faz. O que você escolhe? Manter um elevado nível de autoconhecimento e autogestão (auto-avaliação; auto-estima; autocontrole; auto-motivação). Ótimo! E como anda a sua autoconfiança? Pense calmamente e responda. Quanto você vale? Qual o seu valor? Primeiro, cabe a você determinar: pensando pequeno ou grande a seu respeito. Segundo, depende de você, ao agir no sentido de se tornar esta pessoa pequena ou grande. Terceiro, finalmente, está nas mãos dos outros, em função do quanto o valorizam e estão dispostos a pagar pelo seu "passe"!

Ciente e vaidoso do seu próprio valor, dê mais um passo rumo ao futuro escolhido!

Agenda do Sucesso 18

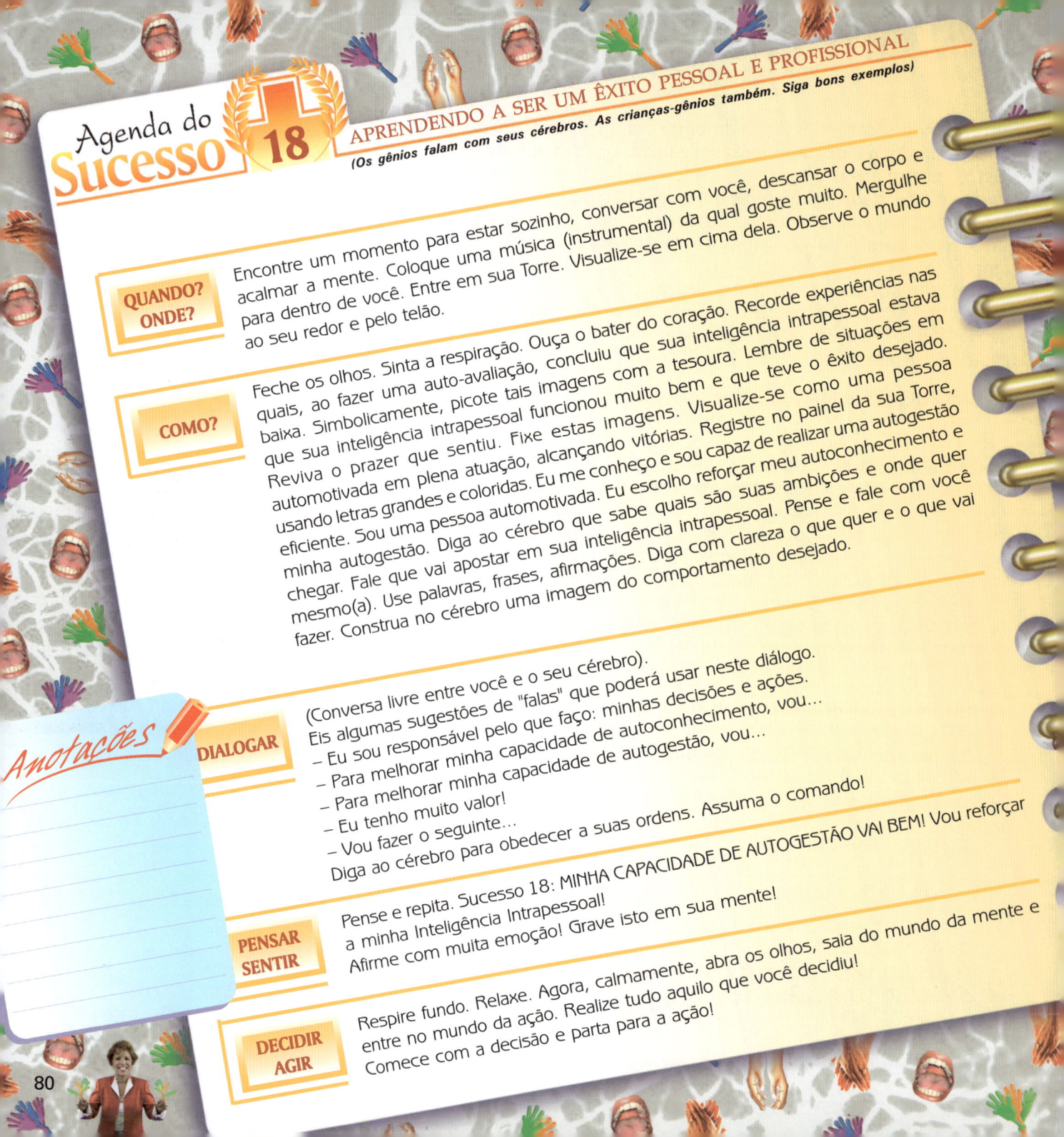

APRENDENDO A SER UM ÊXITO PESSOAL E PROFISSIONAL
(Os gênios falam com seus cérebros. As crianças-gênios também. Siga bons exemplos)

QUANDO? ONDE?
Encontre um momento para estar sozinho, conversar com você, descansar o corpo e acalmar a mente. Coloque uma música (instrumental) da qual goste muito. Mergulhe para dentro de você. Entre em sua Torre. Visualize-se em cima dela. Observe o mundo ao seu redor e pelo telão.

COMO?
Feche os olhos. Sinta a respiração. Ouça o bater do coração. Recorde experiências nas quais, ao fazer uma auto-avaliação, concluiu que sua inteligência intrapessoal estava baixa. Simbolicamente, picote tais imagens com a tesoura. Lembre de situações em que sua inteligência intrapessoal funcionou muito bem e que teve o êxito desejado. Reviva o prazer que sentiu. Fixe estas imagens. Visualize-se como uma pessoa automotivada em plena atuação, alcançando vitórias. Registre no painel da sua Torre, usando letras grandes e coloridas. Eu me conheço e sou capaz de realizar uma autogestão eficiente. Sou uma pessoa automotivada. Eu escolho reforçar meu autoconhecimento e minha autogestão. Diga ao cérebro que sabe quais são suas ambições e onde quer chegar. Fale que vai apostar em sua inteligência intrapessoal. Pense e fale com você mesmo(a). Use palavras, frases, afirmações. Diga com clareza o que quer e o que vai fazer. Construa no cérebro uma imagem do comportamento desejado.

DIALOGAR
(Conversa livre entre você e o seu cérebro).
Eis algumas sugestões de "falas" que poderá usar neste diálogo.
– Eu sou responsável pelo que faço: minhas decisões e ações.
– Para melhorar minha capacidade de autoconhecimento, vou...
– Para melhorar minha capacidade de autogestão, vou...
– Eu tenho muito valor!
– Vou fazer o seguinte...
Diga ao cérebro para obedecer a suas ordens. Assuma o comando!

PENSAR SENTIR
Pense e repita. Sucesso 18: MINHA CAPACIDADE DE AUTOGESTÃO VAI BEM! Vou reforçar a minha Inteligência Intrapessoal!
Afirme com muita emoção! Grave isto em sua mente!

DECIDIR AGIR
Respire fundo. Relaxe. Agora, calmamente, abra os olhos, saia do mundo da mente e entre no mundo da ação. Realize tudo aquilo que você decidiu!
Comece com a decisão e parta para a ação!

Anotações

SUCESSO 19

COMO ANDA SUA CAPACIDADE DE RELACIONAMENTO?
Reforce a Inteligência Interpessoal!

CÉREBRO SOCIAL

O cérebro é uma comunidade cooperativa de neurônios. Trata-se de coleção de redes neurais, atuando em parceria para garantir vida ao organismo. É um órgão social que se desenvolve melhor em interação com outros cérebros.

INTELIGÊNCIA INTERPESSOAL

Esta é a outra dimensão da Inteligência Emocional. Trata-se da outra inteligência vista como mais importante para vencer no século XXI! Logo, vale a pena apostar nela.

Dois domínios distintos a compõem.

1. *Conhecimento do Outro.* Esta competência capacita o sujeito a fazer a leitura de emoções, necessidades, preocupações alheias. Envolve (1) *empatia:* compreender sentimentos e as perspectivas dos outros; (2) *orientação para serviço:* reconhecer e atender necessidades dos colegas; (3) *desenvolvimento de pessoas:* identificar os pontos em que outros precisam crescer e (4) *conhecimento político:* ler as correntes emocionais do grupo e os relacionamentos de poder.

2. *Habilidades Sociais.* Esta competência capacita o sujeito a trabalhar com outros. Envolve (1) *liderança:* inspirar/orientar pessoas; (2) *influência:* utilizar táticas efetivas de persuasão; (3) *comunicação:* fazer mensagens claras e convincentes; (4) *catalisação da mudança:* iniciar ou administrar mudança; (5) *gestão de conflitos:* negociar e resolver divergências; (6) *colaboração e construção de laços:* cooperar com os outros e fortalecer os relacionamentos e (7) *capacidade do time:* criar a sinergia grupal, na busca de objetivos coletivos. A gestão efetiva das relações implica lidar com emoções alheias, tendo-se consciência das próprias emoções.

AVALIANDO SUA INTELIGÊNCIA INTERPESSOAL

Eis um outro desafio: fazer a auto-avaliação de sua Inteligência Interpessoal. Atribua um valor (1/5) para o *domínio Conhecimento do Outro*. (5): muito bem. (4): bem; (3): mediano. (2): fraco; (1): muito fraco. Faça o mesmo em relação ao *domínio Habilidades Sociais*. O máximo de pontos é 10. Se tiver obtido 9 ou 10 pontos, sua Inteligência Interpessoal é alta. De 6 a 8 pontos: razoável. De 2 a 5 pontos: baixa. Fica a sugestão: reflita sobre sua auto-avaliação. Decida o que vai fazer e faça. Defina estratégias de melhoria que pretende efetivar.

COLABORAÇÃO

As empresas atuais consideram a colaboração como um valor essencial. As pessoas são chamadas a participar, trabalhar e aprender juntas, em times. É uma nova cultura que valoriza e estreita os laços entre seres humanos. Espera-se dos profissionais que ajudem a manter o clima organizacional saudável, prazeroso e produtivo para que todos possam compartilhar idéias e experiências. As pesquisas indicam que *a pessoa empática e solidária é capaz de se preocupar e agir em benefício dos outros*. Tem facilidade de relacionamento, convive e respeita o diferente. Discorda e argumenta sem violência. Negocia e soluciona conflitos. Oferece *feedback*. Elogia e aplaude. É admirada e amada pelos colegas!

COMUNICAÇÃO

A capacidade de falar é uma das habilidades mais críticas na troca de idéias e enfrentamento de problemas. É crucial usar linguagem comum, fácil e clara. Atenção! Tenha muito cuidado com sua comunicação. Principalmente, em como usa o corpo e a voz. Analise atentamente o que dizem os estudos. A comunicação é mais afetada pela linguagem corporal (não-verbal): expressão facial, gestos, postura (55%); pela voz: tom, altura, pausas, silêncio (38%); pelo conteúdo verbal: palavras (7%). Viu? somente 7% com o que você fala! Logo, imprima entusiasmo e animação. Demonstre confiança. Seja fiel e autêntico ao falar. Lembre-se: comunicação é um processo de mão dupla: você transmite e recebe. Seja bom ouvinte. Ouça pessoas com bagagens e perspectivas diferentes: poderá obter idéias diversas. Procure compreender pontos de vista divergentes. Não fique preocupado em responder e sim em entender o que o colega expressa. Tire bom proveito deste processo de "escutar ativamente".

PARCERIA

Rosabeth Kanter afirma que somos capazes de desenvolver relacionamentos produtivos e colaborativos, podendo alcançar maiores distâncias e fazer mais juntos. Subindo uns nos ombros dos outros, estabelecendo redes e alianças, obtém-se uma situação "ganha-ganha", em que todos saem vencedores. Os melhores parceiros são diferentes de nós, pensam de forma diversa, e com eles podemos aprender. A atividade em grupo é fonte de crescimento e alegria. Facilita a integração no trabalho. Possibilita relações humanas significativas. Um grande presente que pode ofertar é compartilhar conhecimentos e habilidades. Atenção para esta estória que uma colega me contou. Uns diziam que ela era "muito generosa ao espalhar o seu saber"; outros, que fazia isto somente para se "exibir". Escolha o que retrata sua real intenção. Bloqueie o outro no seu cérebro!

REDE DE RELAÇÕES

Como seres sociais, sentimos prazer em compartilhar e interagir. Como vai sua capacidade de influenciar, comunicar, ensinar, inspirar, liderar? Como vai seu *networking* (marketing de relacionamento)? Atenção! Quem você conhece é fundamental para sua vitória. SUA REDE DE RELAÇÕES VALE OURO! Estabeleça vínculos emocionais fortes. Seja alguém que os outros gostam de ter por perto. Demonstre e espalhe afeto. Seu coração pulsará mais rápido, porque está feliz. Seu cérebro captará a mensagem de bem-estar! Tenha certeza: como você "toca" emocionalmente os outros é muito importante. Procure visualizar as pessoas em quem a sua palavra ou sua presença provocou ou provoca um sentimento bom!

> Um sentimento perdura, as teorias não, diz sabiamente Peter Drucker.

Abra as portas do seu coração e deixe entrar as pessoas que você escolher. Bem acompanhado, continue a caminhar rumo à vitória.

Agenda do Sucesso 19

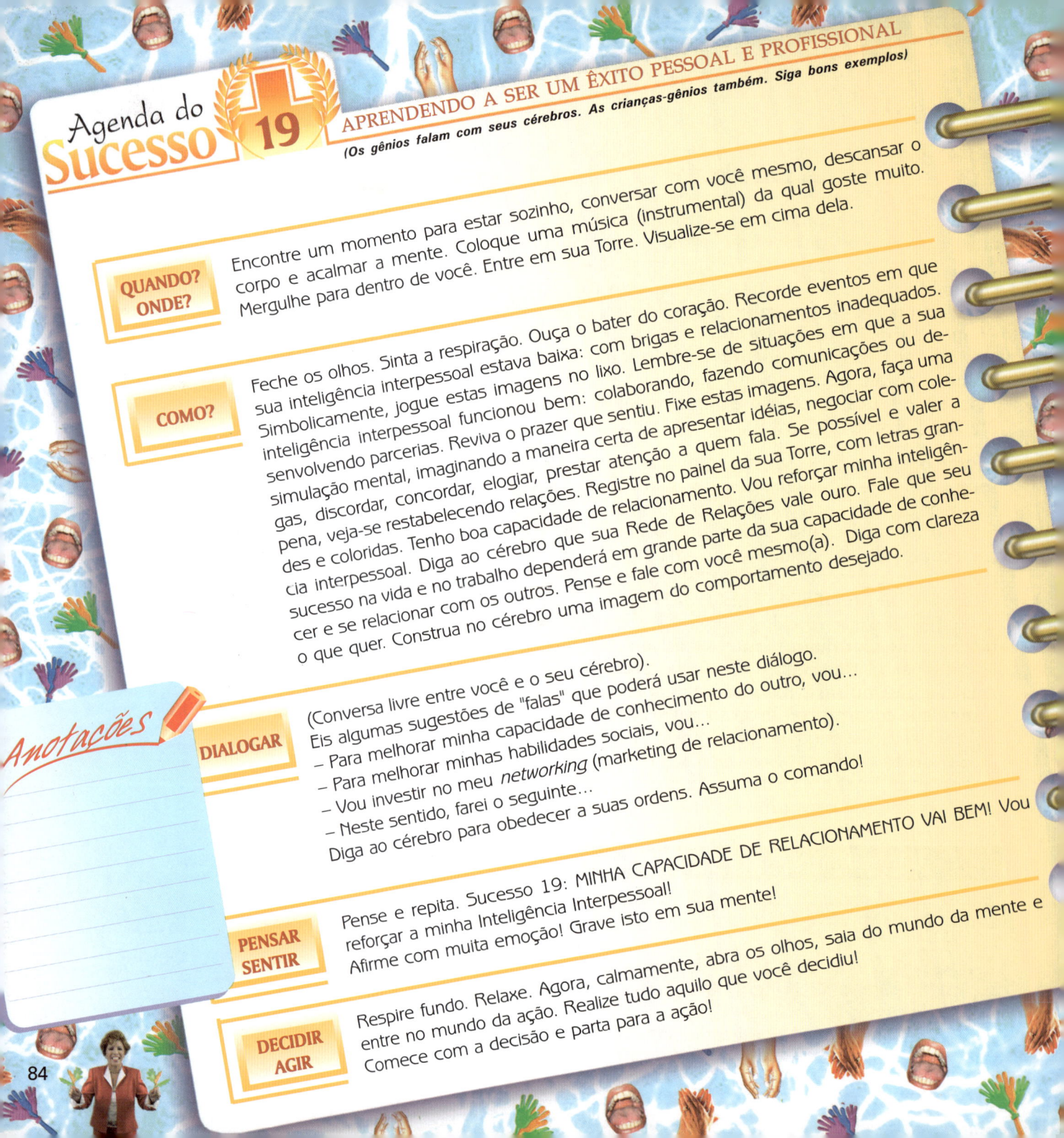

APRENDENDO A SER UM ÊXITO PESSOAL E PROFISSIONAL

(Os gênios falam com seus cérebros. As crianças-gênios também. Siga bons exemplos)

QUANDO? ONDE? — Encontre um momento para estar sozinho, conversar com você mesmo, descansar o corpo e acalmar a mente. Coloque uma música (instrumental) da qual goste muito. Mergulhe para dentro de você. Entre em sua Torre. Visualize-se em cima dela.

COMO? — Feche os olhos. Sinta a respiração. Ouça o bater do coração. Recorde eventos em que sua inteligência interpessoal estava baixa: com brigas e relacionamentos inadequados. Simbolicamente, jogue estas imagens no lixo. Lembre-se de situações em que a sua inteligência interpessoal funcionou bem: colaborando, fazendo comunicações ou desenvolvendo parcerias. Reviva o prazer que sentiu. Fixe estas imagens. Agora, faça uma simulação mental, imaginando a maneira certa de apresentar idéias, negociar com colegas, discordar, concordar, elogiar, prestar atenção a quem fala. Se possível e valer a pena, veja-se restabelecendo relações. Registre no painel da sua Torre, com letras grandes e coloridas. Tenho boa capacidade de relacionamento. Vou reforçar minha inteligência interpessoal. Diga ao cérebro que sua Rede de Relações vale ouro. Fale que seu sucesso na vida e no trabalho dependerá em grande parte da sua capacidade de conhecer e se relacionar com os outros. Pense e fale com você mesmo(a). Diga com clareza o que quer. Construa no cérebro uma imagem do comportamento desejado.

DIALOGAR — (Conversa livre entre você e o seu cérebro).
Eis algumas sugestões de "falas" que poderá usar neste diálogo.
– Para melhorar minha capacidade de conhecimento do outro, vou...
– Para melhorar minhas habilidades sociais, vou...
– Vou investir no meu *networking* (marketing de relacionamento).
– Neste sentido, farei o seguinte...
Diga ao cérebro para obedecer a suas ordens. Assuma o comando!

PENSAR SENTIR — Pense e repita. Sucesso 19: MINHA CAPACIDADE DE RELACIONAMENTO VAI BEM! Vou reforçar a minha Inteligência Interpessoal!
Afirme com muita emoção! Grave isto em sua mente!

DECIDIR AGIR — Respire fundo. Relaxe. Agora, calmamente, abra os olhos, saia do mundo da mente e entre no mundo da ação. Realize tudo aquilo que você decidiu!
Comece com a decisão e parta para a ação!

Anotações

SUCESSO 20

DESAFIE SEU CÉREBRO GENIAL TODOS OS DIAS!
Sem Limites para Pensar e Criar!

CÉREBRO GENIAL

Em palestra à qual assisti nos EUA, Richard Barrett apresentou um gráfico mostrando que, entre 3 e 5 anos, 98% das crianças têm nível de criatividade próximo ao de "gênio". Veja a bela história do neto de Anna Bernardes da Silveira Rocha, amiga e grande educadora. Ao colocar o Michael para dormir, Anna disse: Dá um beijo na sua mãe. Ele retruca: Você não é minha mãe. Anna afirma que era duas vezes sua mãe. O menino pensa e pergunta: Quer dizer que o pai da minha mãe é duas vezes meu pai? Anna responde que sim. Michael insiste: E o pai, do pai, do pai, do pai da minha mãe é quatro vezes meu pai? Anna concorda e visualiza as voltas que dá a mente da criança de 5 anos. Eis que o cérebro genial de Michael produz esta pérola: *Agora entendo por que Deus é infinitamente Pai*. Einstein tinha razão ao afirmar que "existe um gênio dentro de todos nós". O brasileiro Oscar Niemeyer, gênio da arquitetura, aos 97 anos, demonstrando paixão pelo trabalho, esbanja pensamento e inventividade, ao desenvolver seus novos projetos, como um parque aquático na Alemanha e o Museu do Mar em Fortaleza.

NOVIDADES E DESAFIOS

Atenção e emoção são os mecanismos mais importantes que o corpo-cérebro usa para sobreviver. A atenção fixa naquilo que é novidade (fora do comum), tem contraste (diferente do padrão) ou suscita emoções intensas (causa prazer). O pesquisador Cloniger fala de três sistemas neurais, ao sintetizar o cérebro quimicamente. *O córtex procura novidades e desafios. O sistema límbico caça prazer e alegria. O tronco cerebral deseja evitar dano e medo.* Jensen diz que este é o retrato da vida: tentar coisas novas, obter prazer, evitar ser machucado. O cérebro se mantém saudável através da estimulação constante. Logo, funciona a *máxima: Use-o ou perca-o!* Quanto mais usar, mais talento; quanto menos usar (enchendo-o de teias de aranha!) menos talento. Os desafios funcionam como um combustível que incendeia o cérebro.

Neste estado de excitação, há um engajamento completo: Corpo + Emoção + Razão. A energia brota naturalmente. A pessoa se desliga do ambiente. Ela usa a capacidade total da mente e todas as suas inteligências. O pesquisador Mihaly Csizkszentmihalyi, da Universidade de Chicago, EUA, afirma que desfrutamos a sensação de felicidade quando estamos imersos, completamente concentrados, em atividades nas quais temos desafios e possibilidades de crescimento pessoal. Olhe que descoberta mais maravilhosa e incrível: *o desafio é fonte de felicidade!* Não precisa mais nada para justificá-lo!

DESPERTAR DO GÊNIO

Não seja uma pessoa acomodada, presa à rotina. Não fique parado. Não fuja dos desafios. Não espere que eles caiam no seu colo. Este é um caminho curto para o fracasso. Cada dia enfrente pelo menos um desafio. Vá atrás deles: procure-os, com lupa. Busque-os avidamente, com coragem e determinação. Enfrente-os. Para vencer qualquer desafio, do mais simples ao mais complexo, use um método com três etapas. Por exemplo: você quer montar a árvore genealógica da sua família. (1) PENSAR: planejar, buscar conhecimentos, coletar informações. (2) CRIAR: bolar idéias novas, soluções inteligentes, fazer a concepção visual artística. (3) REALIZAR: fazer a mudança, o produto, o projeto; construir a árvore e compartilhar com a família. Desafie sua mente a arriscar para fazer algo novo. *Desperte o gênio que pode estar adormecido dentro de você.*

SEM LIMITES

Não há limites para o seu pensar e criar. Só há um sujeito capaz de limitar o cérebro, com o que coloca dentro dele: VOCÊ! Quando tiver uma idéia, se estiver dormindo, acorde e anote. Pare o que está fazendo, deixe a idéia se desenvolver livremente, não interrompa. Logo em seguida, anote. Antes de cair no sono, faça uma provocação: algo que deseja que seu cérebro pense enquanto você dorme. Tenha idéias loucas! Não será mais louca do que a idéia de voar, quando foi pensada pela primeira vez, há tantos milênios. E nós já chegamos à Lua e breve o homem descerá em Marte. Não caia na "embromação" do seu cérebro. Se você deixar, ele fará sempre a mesma coisa, seguirá as mesmas rotinas, do mesmo jeito. Deixe bem claro que você quer respostas criativas e que não aceita limites! Diga a ele: vou criar um bolo diferente, que nunca fiz antes. Vou participar de uma experiência inovadora no trabalho. Vou aprender xadrez. Vou escrever minha autobiografia. Vou criar um pôster para colocar no meu escritório. Vou desafiar meu filho num jogo de videogame. O importante é manter sua mente num estado constante de curiosidade, inquietação e excitação!

RESOLUÇÃO DE PROBLEMAS

As novidades e os desafios promovem a ramificação de dendritos, que estimula novas conexões, aumentando as sinapses. A diferença entre o cérebro de Einstein e os de outras pessoas está no número de sinapses. Pessoas com mais sinapses raciocinam mais rápido e solucionam situações de forma mais eficaz. São competências essenciais na vida e no trabalho: resolver problemas e conflitos, enfrentar obstáculos, tomar decisões. Problemas não são pedras no caminho, que o(a) impedem de caminhar. A maneira como você encara o problema é fundamental para resolvê-lo. Se considerá-lo como uma barreira, será mais difícil, desagradável e demorado. Se considerá-lo como um desafio, será mais fácil, mais agradável e mais rápido. Veja os problemas como amigos. Você não escolhe os problemas: você escolhe a forma de enfrentá-los.

Desafie seu cérebro genial. Encare a provocação como uma brincadeira ou jogo. Enfrente com confiança e humor. Posso dizer com humildade: faça como eu! Sou uma prova viva da felicidade e do prazer que senti ao enfrentar (e vencer) o desafio de escrever este livro, para você, sem limites no meu pensar e no meu criar, regado de uma boa dose de emoção!

Ofereço a você minha companhia, para juntos avançarmos na estrada da fama. Enfrente o jogo do sucesso como um desafio: um dos maiores de sua vida!

Agenda do Sucesso 20

APRENDENDO A SER UM ÊXITO PESSOAL E PROFISSIONAL

(Os gênios falam com seus cérebros. As crianças-gênios também. Siga bons exemplos)

QUANDO? ONDE?
Encontre um momento para conversar com você mesmo, descansar o corpo e acalmar a mente. Coloque uma música (instrumental) da qual goste muito. Mergulhe para dentro de você. Entre em sua Torre. Observe o mundo ao seu redor e pelo telão.

COMO?
Feche os olhos. Sinta a respiração. Ouça o bater do coração. Recorde experiências em que fugiu e não enfrentou os desafios. Simbolicamente, com movimentos físicos, pico- te cada uma destas imagens. Lembre-se de situações nas quais encarou os desafios, com coragem e determinação, e venceu. Reviva o prazer que sentiu. Fixe estas imagens. Visualize-se como Einstein, de língua para fora, rindo, com uma atitude marota de menino(a), enfrentando um desafio novo. Registre no painel da sua Torre, com letras grandes e coloridas. Tenho um cérebro genial. Que fantástico! Não há limites para o meu Pensar e Criar! Fale palavras carinhosas para o seu cérebro. Faça elogios e carinhos. Diga obrigada(o) pela ajuda nos momentos em que precisou. Cante parabéns pela sua genialidade! Afirme que está sempre pronto(a) a aceitar novos desafios e a arriscar para construir algo criativo. Pense e fale com você mesmo(a). Diga com clareza o que vai fazer. Construa no cérebro uma imagem do comportamento que deseja.

DIALOGAR
(Conversa livre entre você e o seu cérebro).
Eis algumas sugestões de "falas" que poderá usar neste diálogo.
– Vou desafiar meu cérebro genial todos os dias!
– Farei isto da seguinte maneira...
– Vou escolher a forma de encarar e resolver problemas.
– Neste sentido, usarei algumas estratégias como...
Diga ao cérebro para obedecer a suas ordens. Assuma o comando!

PENSAR SENTIR
Pense e repita. Sucesso 20: VOU DESAFIAR O MEU CÉREBRO GENIAL TODOS OS DIAS!
Não tenho Limites para Pensar e Criar!
Afirme com muita emoção! Grave isto em sua mente!

DECIDIR AGIR
Respire fundo. Relaxe. Agora, calmamente, abra os olhos, saia do mundo da mente e entre no mundo da ação. Realize tudo aquilo que você decidiu!
Comece com a decisão e parta para a ação!

Anotações

SUCESSO 21

SEJA CADA VEZ MAIS INTELIGENTE!
Use as Ferramentas de Pensar dos Gênios

FERRAMENTAS DE PENSAR

Falta analisar uma parte do gráfico de Richard Barrett. Entre 3 e 5 anos, 98% das crianças têm nível de criatividade próximo ao de gênio. A proporção diminui até que cai para 2% nas pessoas com 20 anos ou mais. Confirmada, esta estatística é grave. Não há dúvida, porém, sobre as barreiras que a educação velha, na família e na escola, coloca para criatividade. O desafio é voltar a ser a criança-gênio. Como? Proponho usar as ferramentas que os gênios utilizam para pensar. Robert e Michèle Root-Bernstein dizem que há universalidade no processo criativo. Escultores, pintores, cientistas, matemáticos, compositores e escritores usam um conjunto comum de ferramentas que incluem (mas não se limitam) a capacidade de observar; evocar imagens; abstrair; reconhecer padrões; formar padrões; fazer analogias; pensar com o corpo; ter empatia; pensar de modo dimensional; criar modelos; brincar; transformar; sintetizar. Para criar ou resolver problemas são usadas, pelos gênios, simultaneamente, várias ferramentas imaginativas.

Observar. É através do ver, ouvir, tocar, cheirar, saborear ou sentir dentro do corpo que todo o conhecimento é adquirido. Observar envolve concentrar a atenção e a paciência de olhar repetidamente. Saber o que olhar e procurar. Lanço um desafio a você! Treine a observação e desenvolva a acuidade sensorial. Visite museus e galerias de arte. De olhos fechados, identifique objetos apenas pelo tato. Assista a programa de televisão sem som. Caminhe no escuro. Selecione um objeto ou imagem. Observe suas formas, linhas, cores, sons, cheiros, sabores. Esconda o objeto e lembre-se do maior número possível de detalhes. Escreva ou desenhe o que viu. Volte a examinar o objeto. Confira suas respostas. Observe de novo!

Transformar. Envolve transformar A em B. Tal mudança pode englobar números, palavras, notas musicais, imagens. Examine obras do genial pintor Salvador Dali. Que alterações inacreditáveis ele imprime em elementos de seus quadros. A produção de uma peça teatral permite inúmeras transformações mágicas. Cabe aqui um outro desafio para você! Como criar uma banheira perfeita? No Congresso da ASTD, em Orlando-EUA, nosso grupo concebeu mais de 30 idéias. E você?

Brincar. Envolve fazer de conta (alegria infantil). Implica irreverência para com o convencional. Brincando com palavras dadas pela platéia, o cantor Oswaldo Montenegro cria um improviso. Eis um novo desafio: com as cinco palavras seguintes (nuvem, coração, vento, loucura, herói) invente uma história, bole uma música, faça uma poesia.

Evocar imagens. Envolve associar imagens a sentimentos e sensações. Olhar com os olhos da mente. Ouvir com os ouvidos da mente. Mover-se com o corpo da mente. Albert Einstein, cientista, *sonhando acordado*, imaginou-se numa viagem no espaço, cavalgando e correndo ao lado de um raio de luz. Assim, nasceu a Teoria da Relatividade. Martha Graham, dançarina, treinava mentalmente os movimentos da dança, com a música que ouvia na cabeça. Dickens, escritor, via suas histórias na mente, antes de colocá-las no papel. Mozart, compositor, ouvia toda a sinfonia na cabeça, antes de fazer o seu registro musical. Os cientistas indicam que é no estado de devaneio, quando a mente vagueia, que acontece a inspiração e as idéias aparecem. É um momento de grande criatividade. *As crianças são ótimas nesta autoconversa com o cérebro.* Você deve permitir-se momentos positivos de sonhar acordado, a fim de obter um contexto pessoal de criação. Lembre-se, é sempre livre para mergulhar no mundo fantástico de sua mente. Faço outro desafio! Realize um exercício de imaginação multissensorial dirigida. Sente-se em posição confortável, com a espinha reta, para manter o cérebro alerta. Relaxe todo o corpo. Feche os olhos. Respire profundamente. Sinta a sensação de relaxamento. *Viaje para dentro de você.* Imagine que caminha numa estrada vazia, quase sem movimento. Veja como são belas as árvores. Você pára em frente de uma árvore bem alta, olha para baixo, as raízes grossas saem da terra. Olha para cima, galhos muito altos quase tocam o céu. Nisto, ouve o barulho. Anda em sua direção e vê um portão que se abre. Entra num jardim maravilhoso, onde há flores de todas as cores e tipos. Sinta os cheiros. Veja os movimentos das borboletas que voam. Num canto, há uma árvore frondosa. Num dos galhos, um belo pássaro, com penas de várias cores, começa a cantar. Ouça. Sinta suas emoções! É tudo tão lindo que tem vontade e começa a cantarolar. Você se sente tão bem; tão em paz; tão feliz! O seu corpo parece flutuar no espaço. O seu coração está cheio de alegria de viver!

Agora, bem devagarzinho, abra seus olhos. Respire profundamente. Olhe em volta. Bem-vindo ao mundo da realidade. Que bom, tem uma linda imagem no cérebro. Mais importante, você sabe usar estas fantásticas ferramentas de pensar dos gênios.

VISUALIZAÇÃO E SUCESSO

Desportistas usam o poder do cérebro para alcançar suas metas. Profissionais empregam esta técnica para reforçar a auto-estima e promover o desenvolvimento. Experimente fazer isso antes de participar de reunião no seu ambiente de trabalho. Primeiro, prepare a razão, buscando informações e exemplos sobre o assunto a ser tratado. Depois, prepare a emoção; os sentimentos que quer expressar. Faça um exercício de visualização. Veja-se dando opiniões, expressando pontos de vista, discordando com elegância. Veja-se com as emoções controladas: calmo(a), tranqüilo(a). Antecipe a vitória! Visualize-se tendo sucesso nesta atividade!

Os Root-Bernstein dizem que se você não consegue imaginar, não consegue inventar; não consegue conceber coisas que não existem; não consegue criar nada de novo; não consegue sonhar mundos que poderiam existir, ficará limitado a mundos que as outras pessoas descrevem para você. Comt'Sponville, filósofo francês, afirma que *"gênio é a criança que se esqueceu de parar de brincar"*.

Inspirado nestes pensamentos e se sentindo uma verdadeira criança-gênio, brincalhona e feliz, continue caminhando rumo à vitória!

Agenda do Sucesso — 21

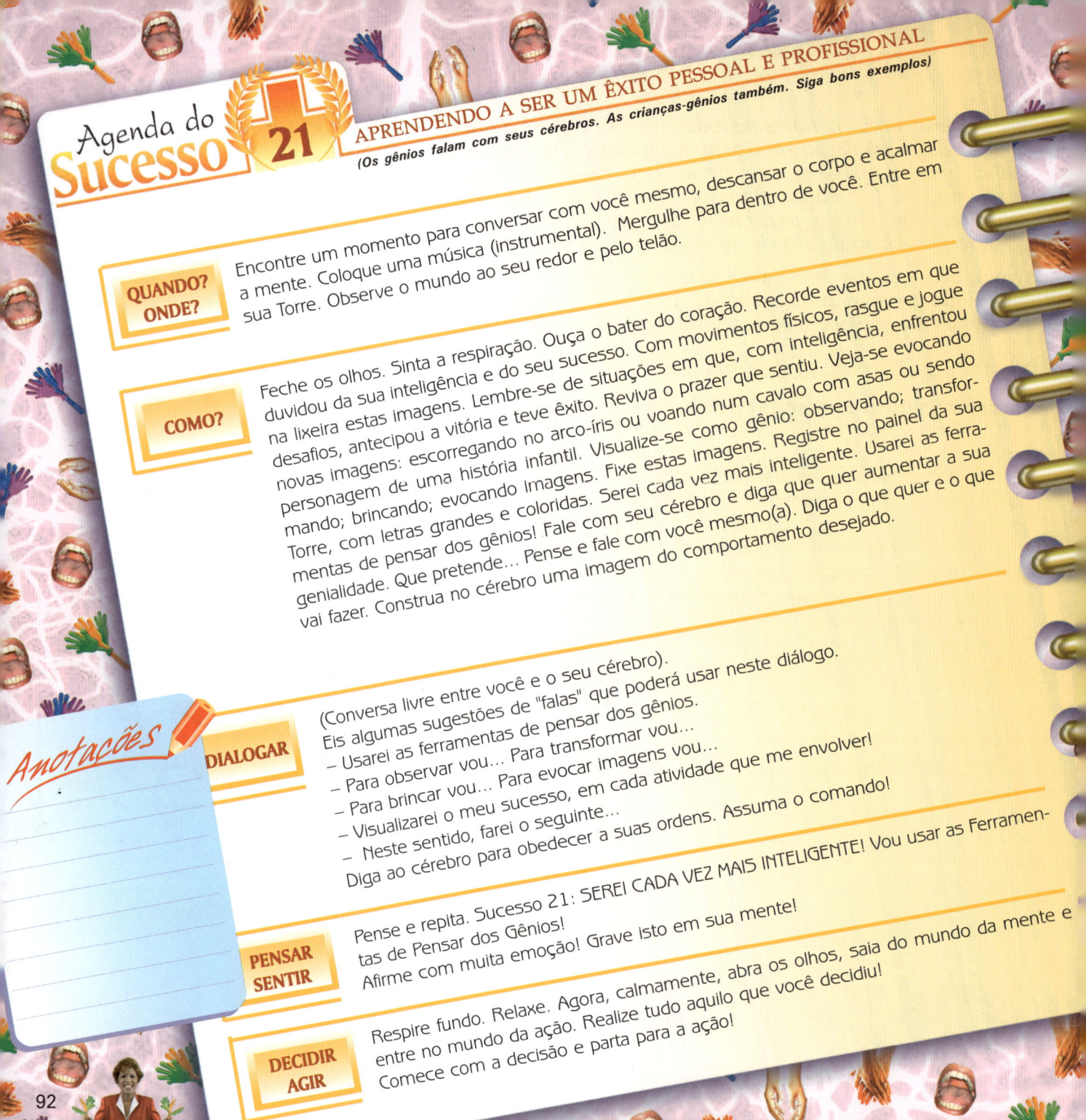

APRENDENDO A SER UM ÊXITO PESSOAL E PROFISSIONAL

(Os gênios falam com seus cérebros. As crianças-gênios também. Siga bons exemplos)

QUANDO? ONDE? — Encontre um momento para conversar com você mesmo, descansar o corpo e acalmar a mente. Coloque uma música (instrumental). Mergulhe para dentro de você. Entre em sua Torre. Observe o mundo ao seu redor e pelo telão.

COMO? — Feche os olhos. Sinta a respiração. Ouça o bater do coração. Recorde eventos em que duvidou da sua inteligência e do seu sucesso. Com movimentos físicos, rasgue e jogue na lixeira estas imagens. Lembre-se de situações em que, com inteligência, enfrentou desafios, antecipou a vitória e teve êxito. Reviva o prazer que sentiu. Veja-se evocando novas imagens: escorregando no arco-íris ou voando num cavalo com asas ou sendo personagem de uma história infantil. Visualize-se como gênio: observando; transformando; brincando; evocando Imagens. Fixe estas imagens. Registre no painel da sua Torre, com letras grandes e coloridas. Serei cada vez mais inteligente. Usarei as ferramentas de pensar dos gênios! Fale com seu cérebro e diga que quer aumentar a sua genialidade. Que pretende... Pense e fale com você mesmo(a). Diga o que quer e o que vai fazer. Construa no cérebro uma imagem do comportamento desejado.

DIALOGAR — (Conversa livre entre você e o seu cérebro).
Eis algumas sugestões de "falas" que poderá usar neste diálogo.
– Usarei as ferramentas de pensar dos gênios.
– Para observar vou... Para transformar vou...
– Para brincar vou... Para evocar imagens vou...
– Visualizarei o meu sucesso, em cada atividade que me envolver!
– Neste sentido, farei o seguinte...
Diga ao cérebro para obedecer a suas ordens. Assuma o comando!

PENSAR SENTIR — Pense e repita. Sucesso 21: SEREI CADA VEZ MAIS INTELIGENTE! Vou usar as Ferramentas de Pensar dos Gênios!
Afirme com muita emoção! Grave isto em sua mente!

DECIDIR AGIR — Respire fundo. Relaxe. Agora, calmamente, abra os olhos, saia do mundo da mente e entre no mundo da ação. Realize tudo aquilo que você decidiu!
Comece com a decisão e parta para a ação!

Anotações

SUCESSO 22

SONHE COM O SEU SUCESSO PESSOAL E PROFISSIONAL!
Primeiro Crie o Futuro em sua Mente!

SONHAR

Nada como o sonho para criar o futuro, dizia o célebre escritor francês Victor Hugo. Sonhe e construa o sucesso na mente. Não seja econômico(a) ao definir o que deseja. Tenha aspirações grandes, bem grandes. Sonhe como um ser humano inteiro, completo: uma pessoa; um profissional; um homem ou uma mulher; um ser que tem corpo; um ser racional; um ser emocional. Lembre dos seus diferentes papéis: esposo ou esposa; filho ou filha; pai ou mãe; cidadão ou cidadã; um ser religioso; um membro da comunidade. O famoso poeta gaúcho Mário Quintana diz algo muito bonito: *"sonhar é acordar para dentro"*. É exatamente o que precisa fazer: mergulhar para dentro de você, acordar e sonhar!

AFINAL, O QUE VOCÊ QUER? QUAL A SUA AMBIÇÃO?

É essencial ter clareza sobre o que deseja e até aonde pretende chegar. O que é realização pessoal e profissional? Quando chegar lá, o que terá mudado no seu dia-a-dia, na família, na sociedade e no emprego?

O que significa vitória, como parte do seu projeto de vida?
O que significa ser uma pessoa bem-sucedida?

- ganhar muito dinheiro?
- destacar-se na área em que atua?
- ser o dono do seu próprio negócio?
- ter uma função de liderança na organização?
- chegar a presidente de uma grande companhia?
- tornar-se um professor-doutor; catedrático de uma grande universidade?
- dedicar parte do seu tempo ao trabalho em benefício da comunidade?
- trabalhar 8 horas e ter equilíbrio entre a vida pessoal e a profissional?
- ser um marido gentil, um pai companheiro e um amigo confiável?

Defina com exatidão o que fará de você um ser humano vitorioso ou vitoriosa!

Ao sonhar, é indispensável estabelecer o significado do trabalho que realizará. É coerente com o seu talento? Tenha consciência sobre o que realmente importa. Reflita muito bem antes de escolher. Quanto vai custar o seu projeto de sucesso? O que irá "ganhar" e o que irá "perder" para chegar lá? A ambição pode ter custos pesados. Ser presidente de grande empresa tem custo: trabalhar mais, seguir muitas normas, ficar subordinado a mais de um chefe, ter pouca autonomia, imprimir mais dedicação. É imprescindível ter consciência do preço que irá pagar! Há conseqüências nas suas escolhas. Mais dinheiro implica mais horas de serviço e menos tempo para a vida pessoal e o lazer com a sua família. Pare e pense sobre o que você realmente valoriza: sobre o que deseja de verdade. Decida sobre o que é tão valioso e do qual não quer abrir mão! Comece com o valor maior: a partir dele priorize todos os demais.

O QUE VOCÊ QUER SER DAQUI A 5 ANOS?

Se não for capaz de responder esta pergunta, aqui e agora, veja-se como uma nave sem rumo, levada pelos ventos, a sabor dos acontecimentos. Ficará à mercê das decisões que outros irão tomar em seu lugar: seu pai, mãe, chefe, marido, mulher! Não terá controle nem voz sobre seu destino! Tenho certeza de que você não quer que isto aconteça. Logo, torna-se essencial definir o seu desejo maior e como pretende alcançá-lo, a partir de uma concepção bem clara do que almeja em termos da sua vida pessoal e profissional. Peter Drucker dizia que *se quer prever o futuro, crie-o em sua mente primeiro*. Proponho, portanto, que faça um exercício de visualização ou imaginação multissensorial dirigida (*imagery*) a fim de criar uma imagem mental, uma visão do amanhã: como você será daqui a 5 anos. Selecione um momento apropriado do dia para ficar sozinho, viajar dentro de você e sonhar. Siga os seguintes passos.

1. *Escolha um quarto (interno) ou um lugar muito especial (externo).*
2. *Coloque uma música instrumental agradável, suave, que você gosta de ouvir.*
3. *Sente-se em posição confortável, espinha reta, para manter o cérebro alerta.*
4. *Relaxe seus braços... pernas... rosto... todo o corpo.*
5. *Respire profundamente, várias vezes, deixando o ar sair à medida que expira.*

6. Feche os olhos e sinta a sensação gostosa de conforto e relaxamento.

7. Crie uma imagem sua no futuro e deixe que ela se forme em sua mente.

8. Procure ver detalhes: observe as cores; ouça os sons; perceba os movimentos; sinta cheiros e gostos; olhe as pessoas a sua volta; sinta suas emoções.

9. Visualize você desempenhando novas atividades com competência.

10. Visualize você alcançando o que deseja e tendo sucesso!

11. Sinta um prazer enorme e uma alegria que contagia todo o seu ser!

12. Quando acabar, bem devagar, abra os olhos.

13. Olhe em volta; respire profundamente; faça um exercício de alongamento.

Aconselho realizar também a seguinte tarefa. Use desenhos, fotos, símbolos, imagens recortadas, canetas coloridas, palavras para traçar a sua imagem mental de futuro. Se quiser, converse sobre esta imagem com pessoas amigas. Agregue sugestões relevantes! Coloque este painel no seu escritório, na mesa ou parede em frente, para que sirva de farol, oferecendo direção e iluminando o caminho.

SONHAR SEMPRE

De tempos em tempos, reviste seus grandes sonhos: nunca desista deles. Reformule, atualize e expanda os prazos. Seja persistente. Tenha esperança. Acredite em você e nas suas capacidades. Faça com que suas aspirações tomem conta do seu corpo, da sua mente e do seu coração. Quem sabe se, ao sonhar, você estará criando *memórias de futuro*, e seu cérebro fará o possível e o impossível para transformar em realidade todas estas suas memórias.

Eleanor Roosevelt dizia *que o futuro pertence àqueles que acreditam na beleza de seus sonhos.*

Sentindo-se parte deste grupo especial de pessoas, dos que acreditam sinceramente na beleza de seus sonhos, dê mais um passo no caminho da fama.

Agenda do Sucesso — 22

APRENDENDO A SER UM ÊXITO PESSOAL E PROFISSIONAL
(Os gênios falam com seus cérebros. As crianças-gênios também. Siga bons exemplos)

QUANDO? ONDE?
Encontre um momento para conversar com você mesmo, descansar o corpo e acalmar a mente. Coloque uma música (instrumental). Mergulhe para dentro de você. Entre em sua Torre. Observe o mundo ao seu redor e pelo telão.

COMO?
Feche os olhos. Sinta a respiração. Ouça o bater do coração. Recorde eventos em que não possuía sonhos para sustentar a busca pelo sucesso. Simbolicamente, com movimentos físicos, pegue um carvão e borre. Lembre-se de situações em que suas conquistas foram precedidas por sonhos. Reviva o prazer que sentiu. Visualize-se daqui a 5 anos. Veja-se como um novo ser humano: como pessoa, profissional, homem ou mulher; ser racional; ser emocional... Crie uma imagem mental do amanhã. Visualize-se sendo vitorioso(a): Onde? Como? Quando? Quem? Sinta o sucesso com seus sentidos: qual o sabor? qual a visão? qual o tato? qual o som? qual o cheiro? Crie seus sonhos e seu futuro como um espetáculo sensorial multimídia. Fixe estas imagens. Registre no painel da sua Torre, com letras grandes e coloridas. Meu sonho de sucesso é... No futuro serei... Fale com seu cérebro e diga que quer que o ajude a construir o êxito que sonha. Pense e fale com você mesmo(a). Diga o que pretende e o que vai fazer. Construa no cérebro uma imagem do comportamento desejado.

DIALOGAR
(Conversa livre entre você e o seu cérebro).
Eis algumas sugestões de "falas" que poderá usar neste diálogo.
– Para sonhar com o meu sucesso pessoal e profissional vou...
– Para criar primeiro o futuro em minha mente vou...
– Quero visualizar o que serei, daqui a 5 anos.
– Neste sentido, farei o seguinte...
Diga ao cérebro para obedecer a suas ordens. Assuma o comando!

PENSAR SENTIR
Pense e repita. Sucesso 22: VOU SONHAR COM O MEU SUCESSO PESSOAL E PROFISSIONAL! Primeiro, criarei o Futuro em Minha Mente!
Afirme com muita emoção! Grave isto em sua mente!

DECIDIR AGIR
Respire fundo. Relaxe. Agora, calmamente, abra os olhos, saia do mundo da mente e entre no mundo da ação. Realize tudo aquilo que você decidiu!
Comece com a decisão e parta para a ação!

Anotações

SUCESSO 23

TORNE-SE UMA ESTRELA NO TRABALHO!
Você é o seu Próprio Negócio

CONSTRUIR A EUpresa

Uma "estrela no trabalho" adota a postura **Eu Sou o Meu Próprio Negócio**. Assume a vida profissional para garantir sobrevivência e buscar sucesso no mundo global. Demonstra inteligência emocional alta. Desenvolve o pensamento estratégico. Planeja, executa, avalia e obtém resultados. Tudo começa quando o sujeito aceita a responsabilidade por seu futuro, abandona a atitude reativa (ficar a reboque) e toma atitude proativa (antecipar-se aos acontecimentos). O indivíduo resolve construir (inventar ou reinventar) a EUpresa (Eu S. A.) e torna-se o empresário de sua carreira. Três momentos são determinantes neste processo.

PLANEJAMENTO ESTRATÉGICO!

É hora de redigir o Plano de Ação (de 2 a 5 anos) da EUpresa. Parte-se de uma profunda reflexão individual. É indispensável enunciar a visão de futuro (inspirada nos sonhos), definindo missão, objetivos, prioridades. É importante levantar os pontos fortes e fracos, a fim de detalhar o que aprender e incluir no Programa de Crescimento. Identifique *o que não sabe* (conhecimentos): modelos, tecnologias, teorias. Identifique *o que não é capaz de fazer* (habilidades e competências): ensinar, liderar, negociar, comunicar, trabalhar em times, usar computador, falar inglês. Identifique *valores e atitudes* a reforçar: responsabilidade, respeito, cortesia, tolerância, integridade. Atenção especial merece o desdobrar objetivos em metas específicas, de preferência com números, marcando as datas de início e fim, como por exemplo: montar meu *blog* em 6 meses. Atenção! Em estudo feito na Universidade de Harvard (EUA), apenas 3% dos alunos tinham metas definidas e detalhadas por escrito. Vinte anos depois, esses 3% fizeram mais sucesso do que os outros 97% juntos. Logo, vale a pena escrever as metas. Relevante também é o que se segue! Se de um lado as metas devem ser realistas (possíveis de alcançar com esforço e determinação), por outro podem ser metas desafiadoras (difíceis de serem atingidas, envolvendo boa dose de inovação). Pense grande:

defina metas possíveis, outras difíceis e outras ainda quase impossíveis. Inspire-se na sabedoria presente no poema de Mário Quintana:

"Se as coisas são inatingíveis... ora! não é motivo para não querê-las...

Que tristes os caminhos, se não fora a mágica presença das estrelas!"

AÇÃO ESTRATÉGICA

É hora de construir a EUpresa, efetivando os passos que levem à consecução das metas e rumo ao futuro. Faça acontecer, realize as ações coletivas e individuais planejadas. Coloque entusiasmo em tudo o que realiza. Mantenha o foco nos sonhos, objetivos e metas. Busque tornar-se diferente, enfatizando seu diferencial competitivo! Celebre as vitórias ao longo do caminho.

AVALIAÇÃO ESTRATÉGICA

É hora de fazer a avaliação de como vai a EUpresa. Isto poderá acontecer mensalmente (ou todas as semanas?). O que deu certo? O que não deu? Por quê? Perguntas, como as seguintes, são relevantes: Que metas foram alcançadas? Como foram as negociações com os clientes? Participei bem dos trabalhos em equipe? Mantive relacionamentos interpessoais positivos? Minhas comunicações foram efetivas? Houve inovação em minhas idéias e propostas? Ampliei minha rede de relacionamentos? Como está minha situação financeira? Realizei os cursos programados? Melhorei a conversação no idioma estrangeiro? Consegui me manter atualizado lendo jornais, revistas, livros e navegando na Internet? Atenção para a necessidade de ter uma reação positiva; adotar uma insatisfação criativa (que leve para frente) e não destrutiva. Monte em seu computador várias matrizes e nelas liste conquistas, problemas e alternativas propostas. Arquive todas as auto-avaliações mensais referentes ao Plano de Ação da sua EUpresa.

AVALIAÇÃO DE 360 GRAUS

Use esta idéia para obter opiniões externas e verificar como está sendo visto(a) pelos outros. Peça uma descrição franca e específica. Ouça clientes e fornecedores. Busque *input* do seu líder (superiores hierárquicos), dos seus colegas (mesmo nível hierárquico), de membros da equipe (subordinados a você). Se puder, obtenha alguns comentários anônimos. Abra bem os ouvidos. Ouça algumas coisas boas e outras nem tanto. Demonstre muita atenção e receptividade ao receber *feedback* negativo e críticas de outros profissionais.

REVISÃO DA EUpresa

É hora de reformular o Plano de Ação. Decida sobre as mudanças que pretende empreender. Defina ações para superar os problemas. Inclua novas metas (curta, média e longa duração) e as estratégias que utilizará para alcançá-las. Estabeleça as melhorias que lhe permitirão concentrar a energia no que realmente importa e tem valor. Comece de novo!

PERIGOS E CONSEQÜÊNCIAS

Goleman, Boyatzis e McKee citam três posturas como perigosas: (1) baixa capacidade de avaliação; (2) dificuldade de receber *feedback* e (3) inabilidade de dar *feedback* aos subordinados. Privadas de *feedback* sincero, as pessoas mantêm condutas impróprias e indesejáveis, prejudicando tanto a própria imagem quanto os resultados organizacionais.

Examinando as possíveis conseqüências, este processo de acompanhamento, controle e avaliação poderá levá-lo(a) a concluir que está satisfeito com a empresa na qual trabalha ou com a sua carreira. Pode também indicar que é hora de planejar ou realizar uma profunda mudança profissional.

MANTER O SONHO

Parta de um sonho, uma aspiração, um objetivo que o anime (*anima* = alma); que o mantenha em movimento, em total motivação, em direção ao alvo estabelecido. Avalie cada uma das metas do Plano de Ação da sua EUpresa. Mire-se no espelho de um dos maiores gênios da humanidade, Leonardo da Vinci, que mantinha diários com a avaliação dos trabalhos desenvolvidos.

Em boa companhia e *avaliando que seu negócio vai muito bem obrigado*, siga!

Agenda do Sucesso — 23

APRENDENDO A SER UM ÊXITO PESSOAL E PROFISSIONAL
(Os gênios falam com seus cérebros. As crianças-gênios também. Siga bons exemplos)

QUANDO? ONDE?
Encontre um momento para conversar com você mesmo, descansar o corpo e acalmar a mente. Coloque uma música (instrumental). Mergulhe para dentro de você. Entre em sua Torre. Observe o mundo ao seu redor e pelo telão.

COMO?
Feche os olhos. Sinta a respiração. Ouça o bater do coração. Recorde experiências em que adotou uma atitude reativa, ficando a reboque de pessoas e eventos. Simbolicamente, com movimentos físicos, pegue uma tesoura e picote estas imagens. Lembre-se de situações em que tomou uma atitude proativa, antecipando-se aos acontecimentos. Reviva o prazer que sentiu. Fixe estas imagens. Visualize-se fazendo a avaliação da EUpresa, ouvindo pessoas, recebendo com atenção as críticas e concluindo que o seu negócio vai de vento em popa. Registre no painel da sua Torre, com letras grandes e coloridas. Vou me tornar uma Estrela no Trabalho. Eu sou o meu Próprio Negócio. Fale com seu cérebro. Afirme enfaticamente. Como empresário da minha carreira eu quero... eu quero... eu assumo compromisso com cada meta que incluí em meu Plano de Ação. Pense e fale com você mesmo(a). Diga o que pretende e o que vai fazer. Construa no cérebro uma imagem do comportamento que deseja.

DIALOGAR
(Conversa livre entre você e o seu cérebro).
Eis algumas sugestões de "falas" que poderá usar neste diálogo.
– Para desenvolver um pensamento estratégico vou...
– Para desenvolver uma ação estratégica vou...
– Para desenvolver uma avaliação estratégica vou...
– Quero manter os sonhos que me animam.
– Neste sentido, farei o seguinte...
Diga ao cérebro para obedecer a suas ordens. Assuma o comando!

PENSAR SENTIR
Pense e repita. Sucesso 23: VOU ME TORNAR UMA ESTRELA NO TRABALHO! Assumo que Eu Sou o Meu Próprio Negócio!
Afirme com muita emoção! Grave isto em sua mente!

DECIDIR AGIR
Respire fundo. Relaxe. Agora, calmamente, abra os olhos, saia do mundo da mente e entre no mundo da ação. Realize tudo aquilo que você decidiu!
Comece com a decisão e parta para a ação!

Anotações

SUCESSO 24

BEM-VINDA A ERA DO TALENTO!
1º Tempo: Com a Palavra as Empresas!

GUERRA DE TALENTOS

Em palestra à qual assisti nos Estados Unidos, Lester Thurov, falando sobre uma economia globalizada, na Sociedade do Conhecimento, afirmou que nenhuma organização é maior do que o talento de seus profissionais. Ao comparar duas universidades, uma de alta qualidade e outra de segunda categoria, o que as diferencia não são os professores, edifícios, ou a tecnologia disponível, e sim os alunos-talentos que entram na instituição. Um estudo do Corporate Executive Board (EUA) mostra que a produtividade de um funcionário brilhante é até 12 vezes superior à de um colega mediano. Justifica-se, assim, a alta prioridade que está sendo colocada nas empresas no sentido de identificar e manter os profissionais mais inteligentes e competentes. Jerry Daniels, Presidente da Boeing, afirma que *competimos não apenas pelos clientes, mas pelos melhores cérebros e talentos.* Na verdade, as organizações estão travando uma verdadeira "Guerra de Talentos". Resultados de pesquisas mundiais mostram que hoje as empresas competem pelos corações, pelas mentes e pelos sonhos das pessoas talentosas.

MUDANÇAS EMPRESARIAIS

Empresas da Era do Talento fazem da aprendizagem o seu novo modo de vida. Elas suportam e encorajam melhorias e inovações a cada dia. Torna-se assim, a mudança, o negócio de cada profissional que precisa produzir idéias e projetos de transformação, desenvolvendo ações criativas e rápidas. Com vistas a criar o contexto indispensável para sustentar esta nova cultura de trabalho, alterações relevantes nas condições oferecidas pela organização devem ocorrer. A empresa precisa receber bem novas idéias. Tolerar riscos e aceitar erros. Estimular o respeito. Valorizar a aprendizagem. Encorajar o humor e a diversão. Celebrar o sucesso. O clima de tais instituições tem de se caracterizar por um trabalho a partir do coração: de sonhos, compromissos e paixão. Um alerta se faz necessário: ou as organizações, sem as características anteriormente mencionadas, se transformam ou morrem! O único caminho possível para as empresas contemporâneas é o da mudança permanente!

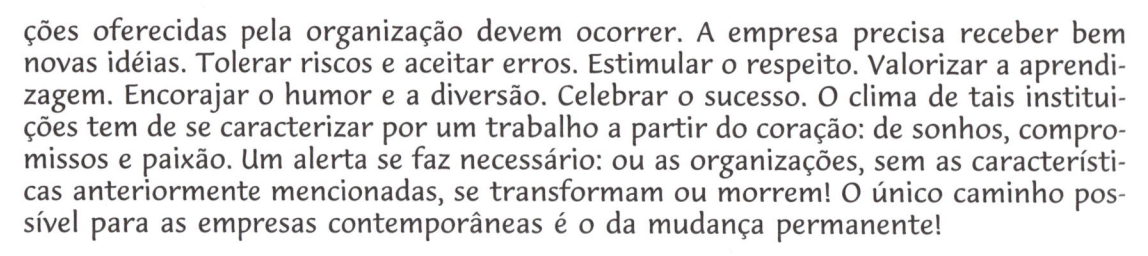

VALORIZAÇÃO DE TALENTOS

Hoje, as instituições sabem que precisam de profissionais de alto desempenho, capazes de pensar, criar, realizar e assim de construir o futuro. Somente irão permanecer no mercado as empresas que entrarem no jogo da inovação. E onde está ela? A inovação está no cérebro dos seres humanos. Será por isso que, em nenhum momento da história da humanidade, as pessoas e os grupos tenham recebido tamanha valorização? A forma de expressar reconhecimento chega a níveis nunca antes imaginados. O que as empresas estão oferecendo aos talentos? Prêmios em viagem. Elogios. Dividendos, lucros, ações. Folga remunerada. Desenvolvimento de projetos pessoais. Benefícios e acesso a serviços de saúde. Horários flexíveis. Cursos MBA e mestrado no exterior (com as despesas pagas). Bonificações e aumentos salariais. Remuneração por competências (Atenção: o salário pode acabar!). Na verdade, estão fazendo isto e outras coisas mais as organizações que concluíram que só terão sucesso se forem capazes de atrair, segurar, desenvolver e valorizar talentos.

GESTORES DE TALENTO

Não são nada boas (na verdade, péssimas) as notícias sobre a realidade empresarial. O Instituto Galop, nos Estados Unidos, fez uma pesquisa com 3 (três) milhões de pessoas empregadas, sobre o tema "Engajamento no Trabalho": *30% dizem estar engajadas; 56% não engajadas e 16% ativamente desengajadas ("jogando "veneno* na organização"). Uma pesquisa, no Brasil, com 10.000 (dez mil) profissionais de empresas grandes e médias, mostra que 78% estão infelizes no trabalho. Na ASTD, em Orlando, assisti a uma palestra de Kaye e Jordan-Evans, na qual elas afirmaram que os empregados não deixam empresas, deixam chefes! Conclusão: *serão os dirigentes que vão perder ou ganhar a Guerra dos Talentos.*

Porque as pessoas deixam as empresas? *Vai perder talentos o chefe* que humilhar e ridicularizar, desmoralizar profissionais na frente dos outros, criticar e culpar, mentir e torcer fatos, tratar com superioridade e arrogância, gritar e bater portas.

Por que as pessoas ficam nas empresas? *Vai ganhar talentos o líder* que oferecer possibilidades de avanço na carreira e chances de aprendizagem. Proporcionar trabalhos significativos, excitantes, com desafios. Formar equipes com ótimas pessoas. Oferecer pagamento coerente e justo. Demonstrar reconhecimento e respeito. Aquele dirigente que for um bom líder, capaz de manter relacionamento positivo com seus liderados. Gestores de Talentos são competentes em conquistar cérebros e corações e estimular o envolvimento emocional no trabalho.

O TALENTO QUE AS EMPRESAS ESTÃO PROCURANDO

As empresas começam a delinear o perfil do talento que desejam. Buscam um trabalhador com características muito bem definidas. O Talento, seja ele ou ela, atua como o Dono do Próprio Negócio, mesmo quando é empregado de outro. Age como Líder, inspirando e orientando pessoas e equipes. Atua como empreendedor, permanentemente construindo o futuro. Tem afinidade com e respeita os valores institucionais. Alinha o seu trabalho com a Direção Estratégica da empresa. Usa sua capacidade para ajudar a criar riqueza para a organização.

Suba mais um degrau na escalada da fama, ouvindo o que diz Jack Welch, o executivo do século XX: *Sempre procurei grandes talentos. Gente mais inteligente do que eu. O resto era por conta deles.* **Atenção: eles estão procurando você!**

Agenda do Sucesso 24

APRENDENDO A SER UM ÊXITO PESSOAL E PROFISSIONAL

(Os gênios falam com seus cérebros. As crianças-gênios também. Siga bons exemplos)

QUANDO? ONDE?
Encontre um momento para estar sozinho, conversar com você mesmo, descansar o corpo e acalmar a mente. Coloque uma música (instrumental) da qual goste muito. Mergulhe para dentro de você. Entre em sua Torre. Visualize-se em cima dela. Observe o mundo ao seu redor e pelo telão.

COMO?
Feche os olhos. Sinta a respiração. Ouça o bater do coração. Recorde eventos em que não aproveitou ou aproveitou mal as chances de desenvolvimento oferecidas pelas organizações. Simbolicamente, com movimentos físicos, pegue uma bomba e faça explodir estas imagens. Lembre-se de situações em que aproveitou as oportunidades oferecidas para desenvolver o seu talento. Reviva o prazer que sentiu. Fixe estas imagens. Visualize-se sendo muito valorizado. Registre no painel da sua Torre, com letras grandes e coloridas. Bem-vinda a Era do Talento. Quero ser reconhecido como um profissional inteligente e competente. Fale com seu cérebro, afirmando que quer expandir ao máximo seu talento, para poder ser valorizado e procurado pelas empresas. Pense e fale com você mesmo(a). Use palavras, frases, afirmações. Diga o que pretende e o que irá fazer. Construa no cérebro uma imagem do comportamento que deseja.

DIALOGAR
(Conversa livre entre você e o seu cérebro).
Eis algumas sugestões de "falas" que poderá usar neste diálogo.
– Que bom: estou vivendo na Era do Talento.
– Para desenvolver o meu talento vou...
– Nesta guerra dos talentos, vou entrar de cabeça para ganhar.
– Neste sentido, farei o seguinte...
Diga ao cérebro para obedecer a suas ordens. Assuma o comando!

PENSAR SENTIR
Pense e repita. Sucesso 24: BEM-VINDA A ERA DO TALENTO! Quero Ser o Profissional Inteligente e Competente que as Empresas procuram!
Afirme com muita emoção! Grave isto em sua mente!

DECIDIR AGIR
Respire fundo. Relaxe. Agora, calmamente, abra os olhos, saia do mundo da mente e entre no mundo da ação. Realize tudo aquilo que você decidiu!
Comece com a decisão e parta para a ação!

Anotações

104

SUCESSO 25

BEM-VINDA A ERA DO TALENTO!
2º Tempo: Com a Palavra o Profissional que Trabalha com Paixão!

PODER CRIADOR

Boas notícias chegam da Ciência do Cérebro. A criatividade pode ser estimulada. Todos têm condições de exercitar o poder criador e tiradas de gênio. Quais são as condições necessárias para tal? É preciso haver mudanças significativas nas atitudes das pessoas. Tais mudanças vinculam-se a alterações com sinal positivo em sua autoestima, automotivação e autoconhecimento.

PAIXÃO PELO TRABALHO

Goleman afirma que a área pré-frontal do cérebro é a sede da atenção e da autoconsciência e abriga os sentimentos positivos. A paixão pelo trabalho, no âmbito cerebral, significa que os circuitos ligados ao córtex pré-frontal esquerdo produzem um fluxo contínuo de sentimentos agradáveis enquanto se trabalha. No cérebro pré-frontal situa-se ainda a capacidade de afastar sentimentos de frustração e preocupação que poderiam desencorajar a pessoa a prosseguir, a perder as esperanças. A paixão é contagiosa e estimulante. Inspira a eliminar dúvidas. Estimula a ter vontade e gana por realizar algo maior e melhor. Além de ser, como afirmam alguns, o segredo para uma vida longa e muito saudável!

CABEÇA DO TALENTO

O que passa no seu *mundo do pensar*? O talento é um perguntador: busca explicações e respostas. Analisa, reflete, alcança compreensão e sabedoria. Aplica novas estratégias de raciocínio ao enfrentar desafios. Transfere conhecimentos para o seu trabalho. Transforma boas idéias em bons negócios. Enfrenta a mudança adaptando-se e aprendendo sempre. Usa toda a capacidade do cérebro de pensar, imaginar, inovar, criar o diferente para crescer e avançar como pessoa e como profissional.

CORPO DO TALENTO

O que passa no seu *mundo do agir?* O talento sabe que, socialmente, é aquilo que realiza: o que deixa os outros verem. É a ação que clarifica sua identidade, valores, atitudes. Como empreendedor, faz acontecer. Concretiza no hoje o sonho do amanhã. Executa com Qualidade, desenvolvendo um trabalho bem feito. É dedicado, persistente e determinado até a conclusão da tarefa. Vai sempre além do que é solicitado. Faz de forma diferente, acrescentando algo original. Promove mudanças sempre. Mantém o foco nos objetivos. Supera resistências e vence obstáculos. Atinge e excede metas. Gera resultados e lucros. Atenção: O único lugar onde sucesso vem antes de trabalho é no dicionário. Logo, para se tornar vitorioso ou vitoriosa, o talento sabe que precisa trabalhar muito.

CORAÇÃO DO TALENTO

O que passa no seu *mundo do sentir?* O talento acredita e confia em si mesmo. Sabe que tem valor e que pode vencer. Possui atitudes afirmativas. Tem auto-estima elevada. Gosta de verdade daquilo que faz. Coloca entusiasmo e paixão em tudo o que realiza no momento: seja preparar um biscoito; tirar xerox; dar novo *layout* ao escritório; montar um plano de vendas. Há vibração sincera no corpo e no olhar. Executa a tarefa com prazer e alegria. Guarda uma reserva de prazer (deste estoque que construiu) para as atividades que gosta menos. Trabalha com humor e com amor: com "açúcar e com afeto". Juli Inkster, famoso jogador de golfe, que está no Hall da Fama, ensina três chaves para o sucesso: (1) trabalhe duro; (2) seja sua própria pessoa e (3) tenha paixão pelo que está fazendo. As pesquisas informam que quem trabalha no que gosta, e com paixão, tem 50 vezes mais chances de ficar milionário. Que tal trabalhar muito, com otimismo e prazer, conquistar o que deseja e, de quebra, tornar-se um milionário? Gostou desta possibilidade? Vale a pena correr atrás dela!

DIFERENCIAL COMPETITIVO

Para ser um vencedor na guerra dos talentos, aposte em suas capacidades. Defina e foque em sua inteligência de maior potencial. Lembre-se: é aí que está o seu talento e o seu diferencial competitivo. Desenvolva seus pontos fortes ao máximo: a área em que se destaca; no que você se acha muito bom, melhor do que os outros. Se as várias pessoas concordarem com você, excelente! É assim que uma percepção de talento se espalha. Seja diferente. O seu talento deve se transformar em moeda: algo passível de ser comercializável; algo possível de se transformar em negócio; algo que você utiliza para ganhar dinheiro. Os talentos possuem uma extraordinária vantagem competitiva. Eles ou elas têm a capacidade de pensar melhor; aprender melhor; criar melhor e realizar melhor. Os talentos usam o cérebro todo para construir o sucesso que almejam.

ALIANÇA DE TALENTOS

Você é um talento; tem luz própria. Acredite: a cintilação de outros talentos não ofuscará a sua. O brilho de uma estrela não é diminuído pelo brilho de outras estrelas. Fique próximo de pessoas talentosas. A troca de brilhos aumentará a luz que irradiam. Conviva fraternalmente com seres de sucesso. Aprenda com eles; se desafiem mutuamente e continue a ampliar o seu talento.

É TEMPO DE REALIZAR COM PAIXÃO

Meu amigo, o jornalista Silvestre Gorgulho, idealizador e editor do ótimo periódico educacional "Folha do Meio Ambiente", é um apaixonado pela ecologia. Quando Johan Frisch (75 anos), um dos mais famosos ornitólogos brasileiros, lançou o livro Aves Brasileiras: Minha Paixão, Silvestre fez uma poesia em sua homenagem.

Era uma vez um menino que vivia de sonhar... Cresceu sonhando com a natureza... Ele se apaixonou de vez pelos pássaros. Johan Dalgas Frisch deixa na sua história de menino-passarinho muitas mensagens. Vida com paixão é vida que se vive intensamente, prazerosamente... Era uma vez um menino que vivia de sonhar e seus sonhos tinham sempre floresta, paixão e o cantar fantástico, doce e melodioso das aves brasileiras.

O tempo do seu talento é o momento presente: agora! O passado já era; não pode mudar. O futuro começará a ser construído hoje. Sinta a **"Paixão por realizar JÁ"**!

Acompanhado pelo doce e melodioso cantar das aves brasileiras, continue trilhando a estrada que o(a) levará à vitória!

Agenda do Sucesso

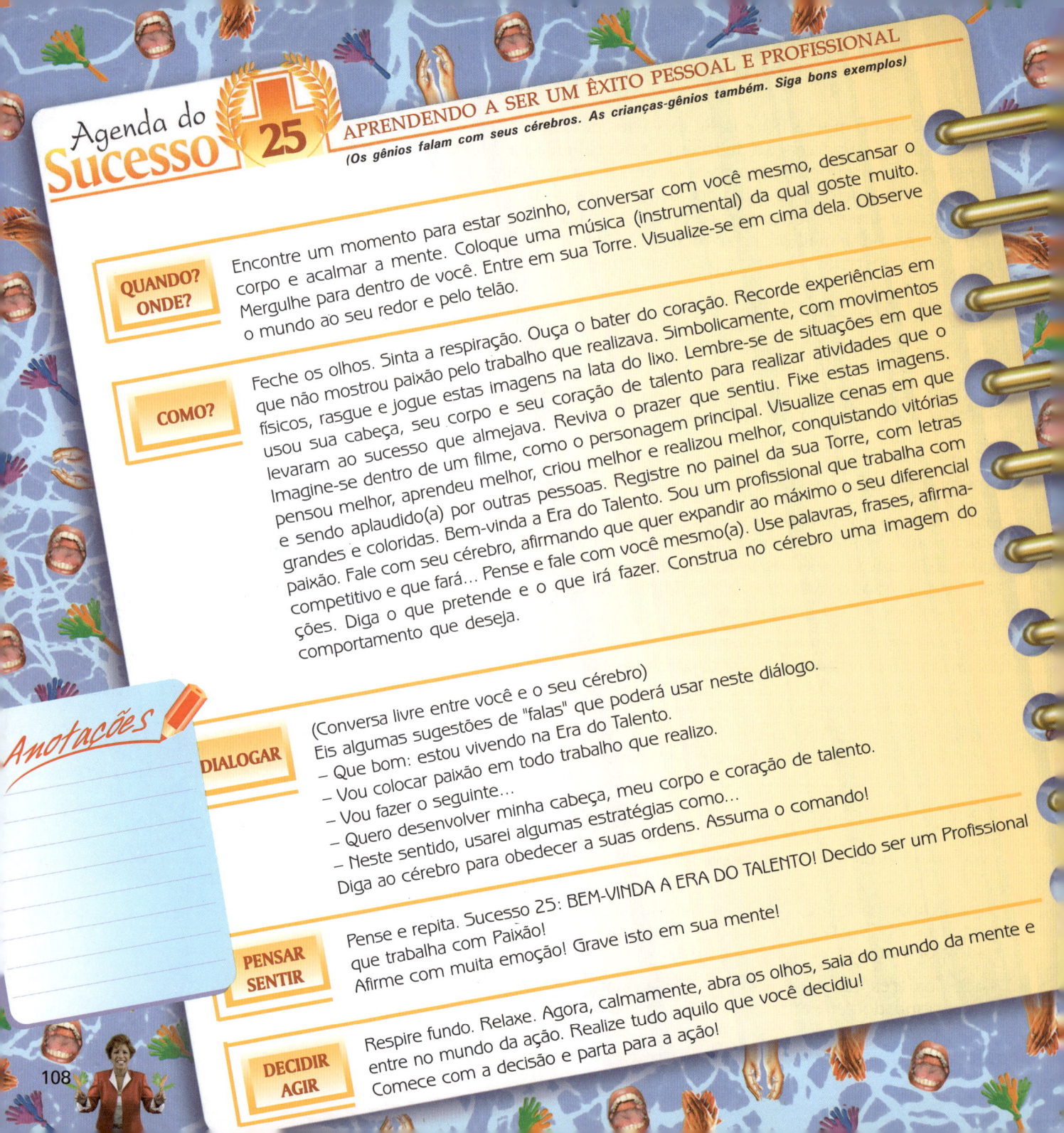

25 — APRENDENDO A SER UM ÊXITO PESSOAL E PROFISSIONAL
(Os gênios falam com seus cérebros. As crianças-gênios também. Siga bons exemplos)

QUANDO? ONDE?
Encontre um momento para estar sozinho, conversar com você mesmo, descansar o corpo e acalmar a mente. Coloque uma música (instrumental) da qual goste muito. Mergulhe para dentro de você. Entre em sua Torre. Visualize-se em cima dela. Observe o mundo ao seu redor e pelo telão.

COMO?
Feche os olhos. Sinta a respiração. Ouça o bater do coração. Recorde experiências em que não mostrou paixão pelo trabalho que realizava. Simbolicamente, com movimentos físicos, rasgue e jogue estas imagens na lata do lixo. Lembre-se de situações em que usou sua cabeça, seu corpo e seu coração de talento para realizar atividades que o levaram ao sucesso que almejava. Reviva o prazer que sentiu. Fixe estas imagens. Imagine-se dentro de um filme, como o personagem principal. Visualize cenas em que pensou melhor, aprendeu melhor, criou melhor e realizou melhor, conquistando vitórias e sendo aplaudido(a) por outras pessoas. Registre no painel da sua Torre, com letras grandes e coloridas. Bem-vinda a Era do Talento. Sou um profissional que trabalha com paixão. Fale com seu cérebro, afirmando que quer expandir ao máximo o seu diferencial competitivo e que fará... Pense e fale com você mesmo(a). Use palavras, frases, afirmações. Diga o que pretende e o que irá fazer. Construa no cérebro uma imagem do comportamento que deseja.

DIALOGAR
(Conversa livre entre você e o seu cérebro)
Eis algumas sugestões de "falas" que poderá usar neste diálogo.
– Que bom: estou vivendo na Era do Talento.
– Vou colocar paixão em todo trabalho que realizo.
– Vou fazer o seguinte...
– Quero desenvolver minha cabeça, meu corpo e coração de talento.
– Neste sentido, usarei algumas estratégias como...
Diga ao cérebro para obedecer a suas ordens. Assuma o comando!

PENSAR SENTIR
Pense e repita. Sucesso 25: BEM-VINDA A ERA DO TALENTO! Decido ser um Profissional que trabalha com Paixão!
Afirme com muita emoção! Grave isto em sua mente!

DECIDIR AGIR
Respire fundo. Relaxe. Agora, calmamente, abra os olhos, saia do mundo da mente e entre no mundo da ação. Realize tudo aquilo que você decidiu!
Comece com a decisão e parta para a ação!

Anotações

SUCESSO 26

CORRA RISCOS! É HORA DE REINVENTAR VOCÊ!
Transforme-se a Cada Novo Dia!

TRÊS CASOS

Examine exemplos ilustrativos de pessoas que se reinventaram!

1. Sem primário completo, José Carreiro (Brasília) começou a fazer poesias e contos aos 85 anos e não parou mais. Já escreveu onze livros à mão. Publicou sua primeira obra de histórias aos 93 anos. A reportagem do Correio Braziliense teve o seguinte título provocativo: *"O Trovador ousou e venceu"*.

2. Andy Pearson, quando CEO da PepsiCo, era um chefe muito temido por sua capacidade de infligir dor e humilhação. Com suas palavras, levava pessoas talentosas a chorar, provando que era mais sabido por achar defeitos nas idéias dos outros. Ele dizia a empregados importantes: uma sala cheia de macacos pode fazer melhor do que isto. Tempos depois Pearson achou que podia liderar de forma diferente. Agora, ao invés de dar ordens, busca respostas e idéias de empregados de todos os níveis. Acredita que sua tarefa é ouvir os profissionais que trabalham para ele e servi-los. Ele diz que é preciso ter preocupação mais genuína com os outros seres humanos e que há um aspecto da liderança ligado à humildade. *Andy Pearson efetuou esta mudança radical aos 70 anos* (livro Kaye e Jordan-Evans).

3. Minha amiga Nélida Willadino era Coordenadora de Planejamento do MEC. Trabalhava com projetos, números, tabelas, gráficos e análises estatísticas. Ao se aposentar, aprendeu a pintar e depois se tornou uma escultora. *Ganhou o Concurso de Talentos da Maturidade* do Banco Real em 1999.

Siga bons exemplos. Você se aposentou? Nada de ficar parado! Busque novos caminhos. Dê a você o tempo que precisa para recomeçar, mas recomece, numa boa! Vários especialistas afirmam que continuar trabalhando é ótimo para o bolso e ainda melhor para a mente. Xô, Xô, Xô, aposentadoria; adiar ao máximo. É preciso continuar apaixonado por realizar, seja como profissional ou como pessoa.

Todos os três casos relatados acima podem ter sido inspirados no poema de Carlos Drummond de Andrade: *Recomeçar é dar uma nova chance a si mesmo... é renovar as esperanças na vida e o mais importante... acreditar em você de novo.*

MUDANÇAS PROFISSIONAIS

Numa palestra na ASTD, Orlando-EUA, Mike McAllum falou sobre o "Novo Pensar para o Século XXI". É tempo de examinar as mudanças necessárias. É momento de escolher. Que profissional você deseja ser?

Um Profissional Isolado: que monta ao seu redor várias barreiras protetoras contra a mudança e que procura manter todas as facetas do *status quo*. *Um Profissional Estagnado:* que está paralisado no aqui e agora, tendo perdido o conhecimento, a vontade e a capacidade de abraçar a transformação. *Um Profissional Navegador:* que procura encontrar um caminho para o destino desejado no futuro. Para ele ou ela, a sensação de movimento é o que lhe oferece estabilidade e segurança. Sua cabeça pensa diferentemente e seu coração reage de forma diversa: analisa oportunidades e com coragem enfrenta os perigos. Ele ou ela está sempre pronto a se reinventar e a realizar transformações na organização em que trabalha.

PEQUENAS MUDANÇAS. GRANDES MUDANÇAS

Assuma um compromisso com você mesmo: o de mudar pelo menos uma coisa a cada dia. Pode ser uma modificação pequena: o pulso em que usa o relógio; a mão que segura o *mouse*; se gosta dos clássicos, ouça música sertaneja; se toma banho quente, que tal uma ducha fria? Pode ser uma modificação grande: romper com o(a) namorado(a) que não respeita a sua maneira de ser; incluir um momento de lazer a cada dia de trabalho; escrever uma carta listando as conquistas que sonha efetivar nos próximos 5 anos. Atente para a beleza do pensamento de Pablo Neruda: *Morre lentamente quem se transforma em escravo do hábito repetindo todos os dias os mesmos trajetos, quem não muda de marca, não se arrisca a vestir uma nova cor ou não conversa com quem não conhece. Morre lentamente quem não vira a mesa quando está infeliz com o seu trabalho.* Não fique em um emprego no qual você não tenha voz; não seja valorizado; não tenha oportunidades de enfrentar desafios para aprender, crescer e vencer.

DECISÃO DE MUDAR

O mundo está se transformando numa velocidade vertiginosa! As alterações estão ao seu redor, em toda parte. Mude você também! Assuma riscos. Diga o que pensa; apresente idéias; exponha sentimentos. Adapte-se às mudanças. A decisão da mudança depende de sua vontade. A ação da mudança está em suas mãos. Modifique-se antes que seja obrigado a fazê-lo! Não permaneça parado, pois estará ficando para trás. Mude sua forma de pensar. Não seja um elefante de circo que pequenino foi treinado a ficar amarrado. Depois, grande e adulto (com força extraordinária) continua preso a uma cordinha mínima. Rebente todas as "cordinhas" da sua vida: medos, preguiça, vergonhas, culpas, limitações imaginárias. Não se coloque como vítima. Se você não estiver satisfeito(a), mude tudo! Assuma a responsabilidade de modificar tudo aquilo que você realmente não deseja. Use todos os recursos do seu cérebro e das suas inteligências múltiplas para se reinventar.

MARCA PESSOAL

Sua transformação precisa ser autêntica. Mude a ação e não apenas a aparência ou o discurso. Se fizer isto, a contradição tornar-se-á visível: roupa nova (discurso) em corpo velho (ação). Esta modificação real deverá determinar um processo de diferenciação, que por sua vez exigirá importantes ações de *marketing* pessoal (como se apresenta profissionalmente aos outros). A mudança da marca pessoal envolverá desde o seu cartão pessoal, o currículo, o *folder* da "EUpresa", o portfólio até a sua aparência, postura, voz, expressão corporal e a forma como se comunica.

> Olhe a pérola que Carlos Drummond lhe oferece: *Hoje é um bom dia para começar novos desafios... e é hoje o dia da faxina mental... Joga fora tudo que te prende ao passado... Mas, principalmente, esvazie seu coração... Fique pronto para a vida...* Hoje é um bom dia para você, inspirado(a) e decidido(a) a se reinventar, dar mais um passo na sua desafiante trajetória do sucesso.

Agenda do Sucesso — 26

APRENDENDO A SER UM ÊXITO PESSOAL E PROFISSIONAL
(Os gênios falam com seus cérebros. As crianças-gênios também. Siga bons exemplos)

QUANDO? ONDE?
Encontre um momento para estar sozinho, conversar com você mesmo, descansar o corpo e acalmar a mente. Coloque uma música (instrumental) da qual goste muito. Mergulhe para dentro de você. Entre em sua Torre. Visualize-se em cima dela. Observe o mundo ao seu redor e pelo telão.

COMO?
Feche os olhos. Sinta a respiração. Ouça o bater do coração. Recorde eventos em que não realizou as mudanças necessárias. Simbolicamente, com movimentos físicos, picote estas imagens com a tesoura. Lembre-se de situações em que você correu risco, se reinventou e teve bons resultados. Reviva o prazer que sentiu. Fixe estas imagens. Visualize-se fazendo uma faxina mental e jogando fora tudo aquilo que não serve e lhe prende ao passado. Veja quanto peso saiu das suas costas. Registre no painel da sua Torre, com letras grandes e coloridas: Vou me reinventar, todos os dias farei algo diferente. Converse com o seu cérebro sobre sua decisão de mudar e qual o plano que tem. Explique claramente, o que significa esta declaração de intenções. Dê exemplos de sua mudança: o que fará e como agirá quando tiver mudado. Pense e fale com você mesmo (a). Use palavras, frases, afirmações. Diga o que pretende e o que irá fazer. Construa no cérebro uma imagem do novo comportamento que você deseja.

DIALOGAR
(Conversa livre entre você e o seu cérebro).
Eis algumas sugestões de "falas" que poderá usar neste diálogo.
– Eu quero ser coerente com o Pensar do Século XXI.
– Eu quero ser um navegador do Século XXI.
– Quero fazer uma mudança autêntica.
– Precisarei mudar meu marketing, quero uma nova marca pessoal.
– Neste sentido, farei o seguinte...
Diga ao cérebro para obedecer a suas ordens. Assuma o comando!

PENSAR SENTIR
Pense e repita. Sucesso 26: VOU CORRER RISCOS! É HORA DE ME REINVENTAR! Vou me transformar a cada novo dia!
Afirme com muita emoção! Grave isto em sua mente!

DECIDIR AGIR
Respire fundo. Relaxe. Agora, calmamente, abra os olhos, saia do mundo da mente e entre no mundo da ação. Realize tudo aquilo que você decidiu!
Comece com a decisão e parta para a ação!

Anotações

SUCESSO 27

TIRE O BUMBUM DA CADEIRA!
Levante-se! Mexa-se! Movimente-se!

SENTA. LEVANTA

Eric Jensen afirma que nos últimos 400.000 anos as posições básicas do corpo humano têm sido dormir, caminhar, correr, fazer, agachar. *O ficar sentado em cadeiras é uma invenção recente na história da humanidade.* Nesta posição, a pessoa corre inúmeros riscos: respiração insuficiente; espinha dorsal retesada, forçando os nervos das costas; visão pobre e fadiga geral do corpo. A falta de movimentação e condições ergométricas adequadas é um problema real que precisa ser evitado. Atenção: neste instante, pare o que está fazendo e realize outra coisa! Se estiver sentado, levante. Se estiver de pé, sente no chão. Se estiver no aeroporto esperando seu vôo, levante da cadeira, vá ao banheiro, tome um cafezinho, dê alô e bata um papo com alguém que está ao seu lado. **Mexa-se!**

MOVIMENTO E CÉREBRO

Os movimentos aumentam os batimentos cardíacos, o fluxo sangüíneo, o oxigênio que chega ao cérebro, além de melhorar a qualidade do seu funcionamento. Estimulam a liberação de neurotransmissores (adrenalina e endorfina) que expandem os níveis de energia da pessoa, fazendo com que ela se sinta bem. Durante os exercícios, há produção de dopamina, que funciona orquestrando a atividade do córtex frontal, sendo, portanto, fundamental na solução de problemas, na tomada de decisões e no desenvolvimento de outras capacidades de raciocínio. Estudos sugerem que os exercícios usam cerca de 100% do cérebro; mais do que qualquer tarefa de natureza cognitiva. **Mexa-se!**

MOVIMENTO E CRIATIVIDADE

Jostein Gaarder, autor do livro O Mundo de Sofia, diz que a idéia de uma história surge em suas caminhadas. Ele afirma que não consegue pensar sentado frente ao computador. *Para mover meus pensamentos tenho que mover meu corpo.* Concordo plenamente com ele. Muitas idéias deste livro eu as tive enquanto caminhava no Parque da Cidade, em Brasília. Na bolsa pequena trazia caneta e folhas de papel, onde fazia anotações em seguida. **Mexa-se!**

MOVIMENTO E SAÚDE

A Associação Americana do Coração (EUA) informa que o sedentarismo, por si só, aumenta o risco de doenças coronarianas em, pelo menos, uma vez e meia. Os exercícios diários moderados ajudam a aumentar o tempo de vida em até seis anos. Você quer mais seis anos de vida? Eu também! **Mexa-se!**

RESPIRAÇÃO ADEQUADA

O cérebro usa 20% do oxigênio do corpo. Esta é, na verdade, a sua maior necessidade. Torna-se indispensável, portanto, aprender a fazer uma respiração profunda e adequada, usando mais o diafragma.

> Sente na ponta da cadeira. Bote a mão no abdômen; costa reta. Devagar, através da boca, coloque todo o ar para fora, até os pulmões se esvaziarem. Encha a barriga de ar como um balão. Jogue os ombros para trás: segure o ar. Jogue o ar para fora: devagar. Repita por cinco vezes. Faça isto durante todo o dia.

GINÁSTICA DO CÉREBRO

Assim denominado, trata-se de um método de ativação cerebral. Alguns exercícios, como os de lateralidade, estimulam o hemisfério esquerdo a falar com o hemisfério direito do cérebro. Abaixo, são apresentados exemplos. Cada movimento deve ser executado primeiro devagar e depois bem rápido.

A. Mão direita toca o joelho esquerdo. B. Mão esquerda toca o joelho direito.
C. Mão direita toca o ombro esquerdo. D. Mão esquerda toca o ombro direito.
E. Mão toca a orelha contrária; de um lado e outro.
F. Mão toca o nariz do lado contrário; de um lado e outro.
G. Mão toca o pé do lado contrário; de um lado e outro.
H. Mão toca as costas no lado contrário; de um lado e outro.
I. Cotovelo esquerdo toca o joelho direito, e vice-versa.
J. Nadar, um braço para frente e outro para trás, e vice-versa.
K. Fazer um 8 no ar, com movimentos longos; de um lado e outro.

Além disso, é essencial modificar rotinas que limitam o cérebro, dando-lhe tarefas originais e adicionais. Por exemplo, escovar os dentes com a outra mão; mudar de roupa com olhos fechados; andar de costas; pegar objetos com o pé. Imagine outras formas de estimular seu cérebro a fazer as coisas de um jeito diferente. **Mexa-se!**

EXERCÍCIO DIÁRIO

Para trabalhar bem você precisa pensar bem. Pois saiba: pensar gasta energia e causa fadiga. Eis um segredinho que pode alterar este estado de cansaço. Você não pode mexer na sua mente, certo? Porém, corpo-mente é um único organismo, certo? Logo, se mudar o corpo muda a mente, certo? Corpo cansado é igual a cérebro cansado. Corpo ativado é igual a cérebro ativado. Aprenda e use o EXERCÍCIO DOS 7 ACORDAR(ES), em casa ou no trabalho, de hora em hora, ou pelo menos cinco vezes ao dia. Levante-se! **Mexa-se!**

1. ALONGAR - esticar os braços para cima.
2. BOCEJAR - dar um bom bocejo.
3. ANDAR - caminhar no mesmo lugar.
4. NADAR - esticar os braços e nadar.
5. DOBRAR - arquear o corpo até próximo do chão.
6. MOVER - mexer seu corpo (cabeça, mãos, braços, pernas, pés) à vontade.
7. ABRAÇAR - dar um abraço íntimo (quando um coração toca no outro) em uma pessoa. Comece e termine o dia abraçando alguém da sua família.

TUDO ESTÁ NO CORPO

Os exercícios são essenciais para fazer o seu corpo, o seu coração e o seu cérebro funcionarem bem. Portanto, trate seu corpo com muito carinho. Ele merece. Tudo está dentro dele: a sua alma, o seu espírito, a sua mente, o seu cérebro. **Faça do seu corpo um lugar maravilhoso para viver!**

Tendo o corpo ativado, com entusiasmo e motivação, você está nos "trinques" para continuar a caminhada que o(a) levará a um lugar muito alto do êxito e da fama!

Cosete Ramos

Agenda do Sucesso 27

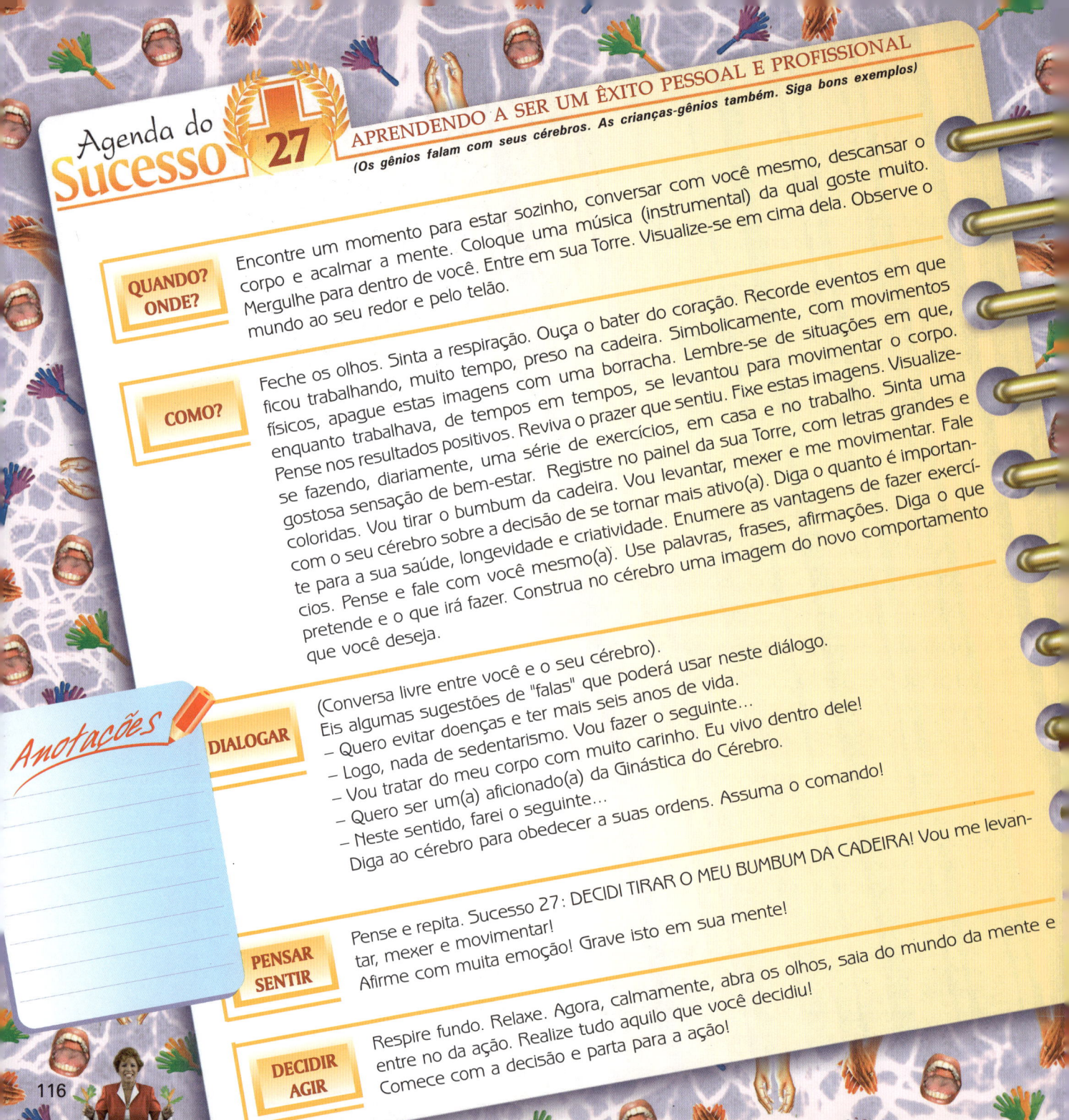

APRENDENDO A SER UM ÊXITO PESSOAL E PROFISSIONAL
(Os gênios falam com seus cérebros. As crianças-gênios também. Siga bons exemplos)

QUANDO? ONDE?
Encontre um momento para estar sozinho, conversar com você mesmo, descansar o corpo e acalmar a mente. Coloque uma música (instrumental) da qual goste muito. Mergulhe para dentro de você. Entre em sua Torre. Visualize-se em cima dela. Observe o mundo ao seu redor e pelo telão.

COMO?
Feche os olhos. Sinta a respiração. Ouça o bater do coração. Recorde eventos em que ficou trabalhando, muito tempo, preso na cadeira. Simbolicamente, com movimentos físicos, apague estas imagens com uma borracha. Lembre-se de situações em que, enquanto trabalhava, de tempos em tempos, se levantou para movimentar o corpo. Pense nos resultados positivos. Reviva o prazer que sentiu. Fixe estas imagens. Visualize-se fazendo, diariamente, uma série de exercícios, em casa e no trabalho. Sinta uma gostosa sensação de bem-estar. Registre no painel da sua Torre, com letras grandes e coloridas. Vou tirar o bumbum da cadeira. Vou levantar, mexer e me movimentar. Fale com o seu cérebro sobre a decisão de se tornar mais ativo(a). Diga o quanto é importante para a sua saúde, longevidade e criatividade. Enumere as vantagens de fazer exercícios. Pense e fale com você mesmo(a). Use palavras, frases, afirmações. Diga o que pretende e o que irá fazer. Construa no cérebro uma imagem do novo comportamento que você deseja.

DIALOGAR
(Conversa livre entre você e o seu cérebro).
Eis algumas sugestões de "falas" que poderá usar neste diálogo.
– Quero evitar doenças e ter mais seis anos de vida.
– Logo, nada de sedentarismo. Vou fazer o seguinte...
– Vou tratar do meu corpo com muito carinho. Eu vivo dentro dele!
– Quero ser um(a) aficionado(a) da Ginástica do Cérebro.
– Neste sentido, farei o seguinte...
Diga ao cérebro para obedecer a suas ordens. Assuma o comando!

PENSAR SENTIR
Pense e repita. Sucesso 27: DECIDI TIRAR O MEU BUMBUM DA CADEIRA! Vou me levantar, mexer e movimentar!
Afirme com muita emoção! Grave isto em sua mente!

DECIDIR AGIR
Respire fundo. Relaxe. Agora, calmamente, abra os olhos, saia do mundo da mente e entre no da ação. Realize tudo aquilo que você decidiu!
Comece com a decisão e parta para a ação!

Anotações

SUCESSO 28

ADOTE AS 7 MÁXIMAS DO CÉREBRO!
Faça dos Hábitos uma Segunda Natureza!

MÁXIMAS DO CÉREBRO

Em palestra na ASTD, Orlando-EUA, André Vermeulen discutiu princípios que permitem ao cérebro aumentar seu desempenho mental. O médico francês David Servan-Schreiber, discípulo e amigo de Antonio Damásio, doutor em ciências neurocognitivas, em sua proposta de medicina do corpo e da mente, também formula idéias semelhantes. Em meu livro "O Despertar do Gênio: Aprendendo com o Cérebro Inteiro" e nesta obra apresento os sete princípios. A mente possui poderes ilimitados, porém ela não terá a performance esperada se não for bem cuidada e ativada. *Para ampliar a atuação do cérebro, a pessoa precisa alinhar o seu estilo de vida com as 7 MÁXIMAS, a fim de que elas se transformem em hábitos e passem a fazer parte de sua segunda natureza.*

MÁXIMA 1. ÁGUA

De acordo com alguns cientistas, nosso corpo é composto de, possivelmente, quase 90% de água. O cérebro exige hidratação. A água é o "solvente mágico" para as partículas carregadas que conduzem o impulso da informação através dos axônios. A água lubrifica os neurônios, assegurando que trabalhem de forma adequada. A falta de água é a principal causa da fadiga. Uma mera redução de 2% da água no corpo humano pode provocar problemas de concentração e memória. O cérebro precisa de 8 a 10 copos de água por dia, fora dos horários das refeições, para poder ter um desempenho em condições "ótimas".

Você tem o hábito de tomar 8 a 10 copos de água por dia?

MÁXIMA 2. OXIGÊNIO-MOVIMENTO

O cérebro funciona na base do oxigênio. Quanto mais movimento e mais oxigênio, mais conexões entre neurônios. Praticado apenas três vezes por semana, durante 20 minutos, o exercício físico tem efeitos relevantes para o corpo-mente. Com base na ginástica cerebral, as empresas estão adotando o que está sendo chamado de ginástica laboral. É preciso realizar atividades que tirem o indivíduo da cadeira, que o façam levantar e mexer. Importante, portanto, é efetivar exercícios durante o expediente de trabalho: respiração; alongamento; lateralidade...

Você tem o hábito de movimentar-se, em intervalos regulares, durante o decorrer do dia?

Você tem o hábito de se alimentar equilibradamente a cada dia?

MÁXIMA 3. ALIMENTAÇÃO

O cérebro funciona na base da glicose. Ele retira a energia que precisa da comida e do oxigênio. Num adulto, o cérebro usa cerca de 20% da energia total. Uma boa nutrição é necessária para as funções cognitivas. Logo, torna-se obrigatório incluir uma variedade de alimentos na dieta, com destaque especial para frutas, vegetais e peixes. De manhã ("comer como um rei"): fazer um café com grãos, fibras, frutas e iogurte. No almoço ("comer como um príncipe"): fazer um lanche leve, com legumes, saladas e pequenos grelhados. À noite ("comer como um plebeu"): fazer uma alimentação leve e pobre. Lembrar das frutas ou barrinhas de cereal, entre as principais refeições. Permanecer no peso ideal. Evitar comidas processadas e alimentos gordurosos. Não abusar de doces. Reduzir o consumo de sal. Mastigar sem pressa, sentindo o prazer dos alimentos.

MÁXIMA 4. SONO

Você tem o hábito de dormir pelo menos 7 horas por noite?

Para recuperar parte da energia gasta diariamente é preciso dormir bem. Pesquisas sugerem que um dos objetivos do sono é fazer o cérebro praticar o que foi aprendido no dia. No sono, o cérebro liga lembranças novas às antigas e resolve problemas que pareciam insolúveis. Uma boa noite de sono é tão importante para a saúde quanto o exercício físico e a alimentação. Para os adultos são indispensáveis, no mínimo, 7 horas de sono. Menos do que isso pode provocar mau humor; irritação; cansaço físico; dor de cabeça; bocejos constantes; indisposição; raciocínio lento; dores musculares.

MÁXIMA 5. PENSAMENTO AFIRMATIVO

Você tem o hábito de manter o pensamento positivo, equilibrando razão e emoção?

Quando o sujeito adota pensamentos negativos, são segregados inibidores químicos que bloqueiam ou limitam o fluxo de impulsos eletroquímicos. Ao contrário, ao adotar pensamentos positivos, são segregados neurotransmissores que facilitam o pensar, o aprender e o criar. É essencial mudar a autoconversa com o cérebro para um diálogo afirmativo, estabelecer metas positivas, escolher tornar-se um otimista, buscar e se encantar com as coisas belas. Olhar o lado bom e positivo da vida.

OLHA QUE COISA MAIS LINDA...

MÁXIMA 6. AFETO HUMANO

As emoções e os sentimentos dão significado à nossa vida, influenciando o humor e o estresse. O relacionamento afetivo regula as emoções e a fisiologia do corpo. Em conseqüência, é crucial manter relações amorosas na família; desenvolver parcerias no trabalho e ter vários amigos ao seu lado.

Você tem o hábito de cercar-se de "pessoas que quer bem", sempre?

MÁXIMA 7. DESAFIOS E NOVIDADES

Quanto mais a pessoa usa o cérebro mais alto é o seu desempenho. Quando o cérebro é estimulado por desafios e novidades, são formadas novas conexões entre os neurônios. É indispensável, portanto, romper a mesmice. "Pensar fora da caixa". Sair da zona de conforto. Expor-se ao diferente. Aprender coisas novas sempre. Manter-se em estado de mudança.

Você tem o hábito de buscar e aceitar novidades e desafios, todos os dias?

7 MÁXIMAS DO CÉREBRO PARA SUCESSO

Adote estes princípios, para viver melhor e conquistar êxito. *Água; Oxigênio-Movimento; Alimentação; Sono; Pensamento Afirmativo; Afeto Humano; Desafios e Novidades* são condições fundamentais para manter o cérebro bem cuidado e bem ativado. O cérebro é determinante para você vencer no Século XXI!

Estes hábitos devem se tornar parte de sua segunda natureza. Assim, será possível a você manter uma vantagem competitiva neste mundo que muda tão rapidamente: pensar melhor, aprender melhor e criar melhor que os competidores.

Com o cérebro turbinado, pronto para vencer, dê um novo passo rumo ao sucesso!

Cosete Ramos

Agenda do Sucesso 28

APRENDENDO A SER UM ÊXITO PESSOAL E PROFISSIONAL

(Os gênios falam com seus cérebros. As crianças-gênios também. Siga bons exemplos)

QUANDO? ONDE?
Encontre um momento para estar sozinho, conversar com você mesmo, descansar o corpo e acalmar a mente. Coloque uma música (instrumental) da qual goste muito. Mergulhe para dentro de você. Entre em sua Torre. Visualize-se em cima dela. Observe o mundo ao seu redor e pelo telão.

COMO?
Feche os olhos. Sinta a respiração. Ouça o bater do coração. Recorde experiências em que não adotou uma ou mais das máximas do cérebro. Simbolicamente, com movimentos físicos, borre as imagens com carvão. Lembre-se de situações em que adotou uma ou mais das máximas do cérebro. Lembre-se dos resultados positivos. Reviva o prazer que sentiu. Fixe estas imagens. Visualize-se mantendo, diariamente, todos os 7 hábitos e tendo sucesso. Veja-se passeando em um lugar com água, árvores e flores. Encante-se e encha a mente de beleza! Registre no painel da sua Torre, com letras grandes e coloridas: Vou adotar as 7 Máximas do Cérebro. Farei destes hábitos uma segunda natureza. Fale com o seu cérebro sobre a importância, para viver bem e conquistar êxito, de adotar as Máximas que permitem cuidar e ativar o cérebro. Diga que quer aumentar o seu desempenho mental. Pense e fale com você mesmo(a). Use palavras, frases, afirmações. Diga o que quer e irá fazer. Construa no cérebro uma imagem do novo comportamento que você deseja.

DIALOGAR
(Conversa livre entre você e o seu cérebro).
Eis algumas sugestões de "falas" que poderá usar neste diálogo.
– Vou tomar água; movimentar-me e alimentar-me bem.
– Vou dormir pelo menos 7 horas e escolher pensamentos positivos.
– Vou cercar-me de afeto; buscar novidades e enfrentar desafios.
– Adotarei todas as 7 Máximas do Cérebro para Sucesso.
– Neste sentido, farei o seguinte...
Diga ao cérebro para obedecer a suas ordens. Assuma o comando!

PENSAR SENTIR
Pense e repita. Sucesso 28: ADOTAREI AS 7 MÁXIMAS DO CÉREBRO! Quero que estes hábitos façam parte da minha Segunda Natureza!
Afirme com muita emoção! Grave isto em sua mente!

DECIDIR AGIR
Respire fundo. Relaxe. Agora, calmamente, abra os olhos, saia do mundo da mente e entre no mundo da ação. Realize tudo aquilo que você decidiu!
Comece com a decisão e parta para a ação!

Anotações

SUCESSO 29

BALIZE SUA VIDA PELOS VALORES E PELA ÉTICA!
Seu Caráter Reflete a sua Essência!

INTELIGÊNCIA MORAL

Robert Coles, professor da Universidade de Harvard, afirma que a inteligência moral é a capacidade de refletir sobre o "certo e o errado", usando todos os recursos intelectuais e emocionais da mente humana. Está relacionada a princípios, valores, caráter, humanidade, espiritualidade e ética. *Uma pessoa de inteligência moral alta age de acordo com valores e possui um "bom coração".*

EMPRESAS E A ÉTICA

Sinta o impacto da manchete da capa da Revista VOCÊ S/A. "Por que você pode perder o emprego?". "Diplomas e competências não bastam: 87% das empresas demitem por problemas de conduta". Profissionais desonestos e omissos não interessam às instituições, que estão se livrando deles, porque afetam negativamente a imagem da organização. Ter compromisso com princípios morais tornou-se uma exigência do mercado. Conduta pesa mais do que desempenho. Veja dois casos que ilustram as conseqüências da falta de honestidade. Dennis Kollowski, ex-Presidente da TYCO, tirou dinheiro da firma e sonegou impostos: foi preso e condenado a 25 anos. Bernard Ebbers, Presidente da WorldCom, condenado por fraude, pegou 5 anos de prisão. A partir de situações indesejáveis, como estas, as empresas estão montando estruturas de suporte e oferecendo condições que estimulem a conduta ética. Estabelecem padrões e regras claras para a condução dos negócios; o relacionamento das equipes; o comportamento pessoal. Além disso, realizam, com freqüência, eventos para comunicar valores; educar e ensinar; discutir limites; dar exemplos; aplaudir e valorizar.

O QUE NÃO?

Esta resposta já pode ser dada. Eis os "Nãos" que estão sendo ditos. Não a todos os seguintes: Propaganda enganosa. Espionagem industrial. Suborno e fraude. Meios desonestos de obter informações. Uso de materiais de baixa qualidade para redução de custos. Distribuição de informações sigilosas estratégicas. Resultados a qualquer custo (aceitação de que os fins justificam os meios). Poluição do meio ambiente. Assédio profissional e sexual. Apadrinhamento da incompetência. Fofocas e palavrões. Divórcio entre o falar e o fazer. Críticas a colegas ausentes. Falta de respeito. Relações amorosas entre chefes e subordinados. Conflitos e violência. Ameaças à integridade física e psicológica. Desonestidade. Mentira. Roubo. Qualquer discriminação: racial, sexual, social.

NÃO ABSOLUTO

Você também precisa definir com clareza quais são os seus! Não absoluto às drogas. Não absoluto à desonestidade. Não absoluto à violência. Não absoluto ao divórcio entre o discurso da ética e a prática da ética. Sobre eles não há espaço para qualquer conversa ou negociação. Quais são seus Nãos Absolutos no trabalho e em casa? É indispensável que os seus valores como pessoa tenham coerência com os seus valores como profissional. Há de manter um equilíbrio: relações saudáveis e amorosas em casa e relações de parceria e bem-querer no trabalho. É no agir, na hora do fazer, que você demonstra realmente os valores que regem a sua vida. Renove seus compromissos morais e éticos a cada manhã.

VALORES UNIVERSAIS (SIM ABSOLUTO)

Pesquisas realizadas em mais de cem países permitem elencar um conjunto de princípios universalmente aceitos: *amor (compaixão), respeito, eqüidade, honestidade e responsabilidade.*

Jack Welch diz que é preciso vencer da maneira certa: com honestidade. Só assim a pessoa terá um prazer autêntico, pela conquista verdadeiramente significativa, com cheiro e sabor de vitória!

ESPIRITUALIDADE

Este valor está invadindo o espaço empresarial. Envolve realizar o trabalho, usando as melhores qualidades do ser humano e estabelecendo a ligação entre mente, coração e espírito. Algo que extrapola o material e dá real valor à vida. Alimenta e aumenta a energia espiritual. Agrega um ideário comum a várias religiões, como igualdade, liberdade, amor, esperança, perdão. O âmago é o amor ao próximo: gostar dos colegas que trabalham ao seu lado, colaborando, sempre que possível, para a felicidade e o êxito deles. Implica compaixão pelo seu semelhante. Engloba solidariedade e respeito. O profissional espiritualizado ajuda os outros a crescer e se desenvolver. Aceita e age de acordo com a noção de que deve servir às outras pessoas. É relevante lembrar que a vitória dependerá do equilíbrio entre a nossa porção material e a nossa porção espiritual.

O ADMIRÁVEL SER HUMANO DE CARÁTER

Jim Collins, autor do livro "Os Vencedores Nunca Trapaceiam," afirma: "Há três tipos de profissionais: os que não têm sucesso; os que conseguem conquistá-lo por algum tempo; e os que conseguem conquistá-lo e mantê-lo. O que diferencia o terceiro tipo dos anteriores é o caráter". Pense nisso! Ao enfrentar um problema ético se posicione e diga: "não farei; não está de acordo com os princípios que acredito". O que vale mesmo é botar a cabeça no travesseiro e dormir; manter a cabeça erguida; ter paz de espírito. Portanto, seja um Ser Humano que faz diferença pelo seu caráter: no lar; na empresa; na cidade; no país e no mundo. Participe de ações que tornem a sociedade melhor e mais justa. Ajude a construir um clima organizacional ético. Seu caráter é a bússola segura que o(a) orientará a navegar em direção à vitória.

EXCELÊNCIA

Se quer avançar na carreira, ser um permanente vencedor, manter-se empregado, ganhar posições, ter chance no próximo emprego, é essencial agir como um Ser Humano Ético. Uma pessoa excelente (boa de coração) possui todas as condições de se tornar um profissional excelente (bom de trabalho).

Atente para a sabedoria do filósofo grego Aristóteles: *Excelência não é um feito, mas um hábito. Portanto, nós somos o que repetidamente fazemos.* Sentindo bem-estar por ter este hábito no seu repertório, dê mais um passo rumo à fama.

Agenda do Sucesso 29

APRENDENDO A SER UM ÊXITO PESSOAL E PROFISSIONAL
(Os gênios falam com seus cérebros. As crianças-gênios também. Siga bons exemplos)

QUANDO? ONDE?
Encontre um momento para estar sozinho, conversar com você mesmo, descansar o corpo e acalmar a mente. Coloque uma música (instrumental) da qual goste muito. Mergulhe para dentro de você. Entre em sua Torre. Visualize-se em cima dela. Observe o mundo ao seu redor e pelo telão.

COMO?
Feche os olhos. Sinta a respiração. Ouça o bater do coração. Recorde eventos em que teve uma atuação ética reprovável. Simbolicamente, com movimentos físicos, risque com lápis de cera estas imagens. Lembre-se de situações em que adotou um comportamento ético admirável, em fidelidade aos valores que norteiam sua vida pessoal e profissional. Reveja os resultados positivos. Reviva o prazer que sentiu. Fixe estas imagens. Visualize-se agindo corretamente em várias situações que são possíveis de ocorrer na sua família ou no seu emprego. Veja-se, diariamente, renovando seus compromissos morais e éticos. Registre no painel da sua Torre, com letras grandes e coloridas: Minha vida será balizada pelos valores e pela ética. O meu Caráter refletirá a Minha Essência. Fale com o seu cérebro sobre a decisão de se tornar um Admirável Ser Humano de caráter e buscar a excelência. Ressalte a importância de ter uma inteligência moral alta, agindo de acordo com valores e possuindo um bom coração. Pense e fale com você mesmo(a). Use palavras, frases, afirmações. Diga o que pretende e o que irá fazer. Construa no cérebro uma imagem do novo comportamento que você deseja.

DIALOGAR
(Conversa livre entre você e o seu cérebro).
Eis algumas sugestões de "falas" que poderá usar neste diálogo.
– Meu caráter será a bússola que orientará o meu caminhar.
– Para mim, excelência é um compromisso e um hábito.
– Neste sentido, farei o seguinte...
Diga ao cérebro para obedecer a suas ordens. Assuma o comando!

PENSAR SENTIR
Pense e repita. Sucesso 29: MINHA VIDA SERÁ BALIZADA PELOS VALORES E PELA ÉTICA! O Meu Caráter refletirá a Minha Essência!
Afirme com muita emoção! Grave isto em sua mente!

DECIDIR AGIR
Respire fundo. Relaxe. Agora, calmamente, abra os olhos, saia do mundo da mente e entre no mundo da ação. Realize tudo aquilo que você decidiu!
Comece com a decisão e parta para a ação!

Anotações

SUCESSO 30

SUA QUALIDADE DE VIDA É FUNDAMENTAL!
Sucesso Profissional é Necessário, Mas Não Suficiente!

VIDA PROFISSIONAL

Era típico do velho paradigma: as empresas procurarem um empregado *workaholic*, que se vangloriava por trabalhar demais e ser considerado insubstituível. No paradigma novo, as organizações buscam uma pessoa que mantenha equilíbrio entre a vida profissional e a pessoal. Está comprovado que ela é mais eficiente e produtiva. Este trabalhador sabe que é muito importante, mas não insubstituível. Este novo profissional é coerente com as modernas visões de delegar tarefas, realizar projetos em equipe e compartilhar vitórias em times.

FALTA DE VIDA

Pesquisa da International Stress Management Association indica que as duas maiores fontes de estresse são o desemprego (57%) e a falta de tempo (48%). Quem reclama da falta de tempo: 86% apresentam dores musculares; 69%, cansaço; 35%, insônia; 23%, distúrbios gástricos. Emocionalmente: 81% confessam não conter a ansiedade; 78% sentem angústia; 71%, irritação; 52%, raiva. Uma manifestação extrema conhecida é a "Síndrome do Burnout" (apagão emocional) que atinge cerca de 30% dos profissionais estressados. Os sintomas mais conhecidos são irritação, violência verbal, ansiedade, fadiga e diminuição da auto-estima.

FINALIDADE DA VIDA

Siga uma excelente sugestão de Goleman e outros. Registre vinte e sete coisas que gostaria de experimentar antes de morrer, sem se preocupar com a ordem de prioridade. Baseados em milhares de respostas, os autores comentam que mais de 80% dos itens listados nada têm a ver com a vida profissional. Este exercício permite ter consciência dos verdadeiros valores. *Você deve tomar uma importante decisão: Viver para Trabalhar ou Trabalhar para Viver.* Lembre-se de que nasceu para viver bem: amar, pensar, desfrutar, ter prazer. Viver é buscar a plenitude como Ser Humano Completo: corpo, coração e cérebro. Parabéns se escolheu **Trabalhar para Viver!**

Neste contexto, cabe perguntar. Para que você vive? Qual a finalidade última da sua vida? O que na verdade lhe faz feliz? O que é felicidade para você? Antes de responder, leia o belo pensamento de Charles Chaplin: *O nosso cérebro é o melhor brinquedo já criado: nele se encontram todos os segredos, inclusive o da felicidade.*

VIDA DIÁRIA

Tendo optado por Trabalhar para Viver, você deverá administrar bem seu tempo, priorizando a Qualidade de Vida. Isto significa que, *durante o dia, precisará reservar um período para usar em benefício próprio, sem se sentir culpado(a) por isto.* Defina claramente suas prioridades diárias. O que escolhe? Ter um horário para atividades físicas. Fazer um esporte. Cuidar da saúde. Dedicar tempo para a vida espiritual. Namorar (marido, noivo, namorado). Embelezar-se. Ler um livro. Cantar no chuveiro. Fazer jardinagem. Participar da educação de seus filhos. Realizar atividades com membros da família. Caminhar no parque. Apreciar o espetáculo de um pôr de sol. Ganhar o beijo de uma criança. Fazer meditação. Tomar um banho de banheira. Sair para dançar. Participar de um trabalho voluntário. Andar descalço. Assistir a uma comédia e rir muito. (No trabalho.) Fazer paradas para cafezinho; ter rápidas conversas; participar de momentos de confraternização, durante ou após o expediente. Encante-se com o poema de Fernando Pessoa:

Conserve a vontade de viver. Não se chega a parte alguma sem ela.

RENOVAÇÃO DA VIDA

Viver bem implica uma nova educação para os nossos sentidos.

Um Novo Olhar. Eduque a sua visão para buscar e achar o belo em seu caminho: o que se tornará um hábito saudável e positivo. Foque nas estrelas, nas árvores, nas águas, na terra, nas obras de arte. De manhã, eu sinto um enorme prazer em ver as árvores de Brasília. Em outubro, a cidade está coberta de *flamboyants*, com flores de cores flamejantes (vermelho, laranja, amarelo). É um encanto ver os galhos que se espalham no chão, formando tapetes coloridos. Ligue seu coração à beleza da natureza. Também tenha um olhar concentrado, atento e observador, como os gênios. Desenvolva um olhar com magnetismo, qualidade indescritível, presente nos verdadeiros líderes (gestores de emoções). Um olhar calmo e carinhoso que diz: Estou tranqüilo. Pode aproximar-se sem medo. Não lhe farei dano algum. Reconheço a sua humanidade. Estou pronto a oferecer uma relação de bem-querer. O olhar é o primeiro passo na conquista do coração das outras pessoas. *Um Novo Tocar*. Eduque o seu tato. Um passo relevante é sentir a terra aos seus pés. *Um Novo Saborear*. Eduque o seu paladar, partindo do comer calmamente uma comida que você fez com suas mãos. *Um Novo Ouvir*. Eduque a audição. Ouça a risada dos bebês. Assista a peças de teatro. Vá ao cinema. Freqüente concertos musicais. Participe de sessões de leitura. Assista a um DVD com poesias. *Um Novo Cheirar*. Eduque o olfato. Comece pelo perfume das flores.

SUA VIDA

Confúcio nos oferece um belo conselho: *Cuide bem de seus PENSAMENTOS E SENTIMENTOS. Eles se transformarão em PALAVRAS. Cuide bem de suas palavras. Elas se transformarão em AÇÕES. Cuide bem de suas ações. Elas se transformarão em HÁBITOS. Cuide bem de seus hábitos. Eles marcarão o seu CARÁTER. Cuide bem de seu caráter. Ele determinará o seu DESTINO.*

Entendendo destino como a trajetória que você decide imprimir à sua vida, a partir de suas escolhas, é preciso destacar tempo para cuidar do essencial. Não se deixe enganar por vitórias ilusórias, o preço a pagar é muito caro em termos da sua qualidade de vida e o tempo longe da família! Busque paz interior e bem-estar, a fim de sentir-se mentalmente equilibrado. Priorize o lazer para reabastecer suas energias e enfrentar dificuldades. Lembre-se: sem saúde e sem qualidade de vida todo o resto ficará comprometido e perderá o sentido!

Suba mais um degrau na escalada da fama, acompanhado de Drummond que lhe almeja: *Desejo a você ouvir uma palavra amável, ter uma surpresa agradável, ver a banda passar...* Descubra tempo para deixar acontecer todos estes três desejos.

Agenda do Sucesso 30

APRENDENDO A SER UM ÊXITO PESSOAL E PROFISSIONAL
(Os gênios falam com seus cérebros. As crianças-gênios também. Siga bons exemplos)

QUANDO? ONDE?
Encontre um momento para estar sozinho, conversar com você mesmo, descansar o corpo e acalmar a mente. Coloque uma música (instrumental) da qual goste muito. Mergulhe para dentro de você. Entre em sua Torre. Visualize-se em cima dela. Observe o mundo ao seu redor e pelo telão.

COMO?
Feche os olhos. Sinta a respiração. Ouça o bater do coração. Recorde eventos em que viveu para trabalhar, deixando-se dominar pela busca do sucesso profissional. Simbolicamente, com movimentos físicos, picote estas imagens com a tesoura. Lembre-se de situações em que trabalhou para viver, mantendo sua qualidade de vida. Reveja os resultados positivos. Reviva o prazer que sentiu. Fixe estas imagens. Visualize-se vivendo uma vida diária com qualidade, realizando atividades, em benefício próprio, sem a menor culpa. Veja-se vivendo uma vida renovada: um novo olhar; um novo tocar; um novo saborear; um novo ouvir; um novo cheirar. Registre no painel da sua Torre, com letras grandes e coloridas. Minha Qualidade de Vida é Fundamental. Meu Sucesso Profissional é necessário; mas não é suficiente. Fale para o cérebro o que é importante para você. Repita uma, duas, três, quatro, cinco vezes. Agora, sim, a mente entendeu perfeitamente que você tomou uma decisão e que ela deverá trabalhar a favor da sua felicidade (primeiro) e do seu sucesso (segundo). Pense e fale com você mesmo(a). Use palavras, frases, afirmações. Diga o que pretende e o que irá fazer. Construa no cérebro uma imagem do novo comportamento que você deseja.

DIALOGAR
(Conversa livre entre você e o seu cérebro).
Eis algumas sugestões de "falas" que poderá usar neste diálogo.
– Minha Qualidade de Vida é fundamental e não abrirei mão dela.
– Neste sentido, farei o seguinte...
Diga ao cérebro para obedecer a suas ordens. Assuma o comando!

PENSAR SENTIR
Pense e repita. Sucesso 30: MINHA QUALIDADE DE VIDA É FUNDAMENTAL! Meu Sucesso Profissional é necessário; mas não é suficiente!
Afirme com muita emoção! Grave isto em sua mente!

DECIDIR AGIR
Respire fundo. Relaxe. Agora, calmamente, abra os olhos, saia do mundo da mente e entre no mundo da ação. Realize tudo aquilo que você decidiu!
Comece com a decisão e parta para a ação!

Anotações

128

SUCESSO 31

FAÇA SUA AUTO-AVALIAÇÃO COMO PESSOA!
Seja Hoje Melhor do que Foi Ontem!

TESTAGEM x AVALIAÇÃO

Não havia avaliação verdadeira no ensino do passado. Existia, sim, testagem: provas, notas e reprovação. Você era invariavelmente comparado com os outros: melhor X pior – bom X ruim. O resultado negativo implicava punição, castigo (com chapéu de burro) e fracasso na escola. Muito do medo ficou conosco, deixando marcas profundas, em sofrimento e choro. Isto não é avaliação. Avaliação é comparar você com você mesmo, a fim de ressaltar quais as suas vitórias e identificar o que ainda não está bem e merece atenção. Considere o processo de auto-avaliação como uma estratégia indispensável ao seu progresso e crescimento. Portanto, *não tenha medo da auto-avaliação!* Ela é muito importante!

AUTO-AVALIAÇÃO

A escola não nos ensinou esta capacidade indispensável para nossa vida. Agora, a pessoa precisa aprender a realizar uma boa auto-avaliação.

Por quê? O que se pretende é promover uma reflexão sobre o próprio desempenho, para mapear o progresso obtido e as dificuldades que ainda precisam ser vencidas.

Onde? Escolha um local apropriado, com as condições necessárias (calma, silêncio, tecnologia) a fim de fazer a revisão periódica da sua atuação com pessoa.

Como? A auto-avaliação deve ser sincera, rigorosa e justa. Nunca engane você mesmo(a). Fuja da análise boazinha. Não seja generoso demais nem carrasco demais. Não subestime e nem superestime suas qualidades, capacidades e habilidades.

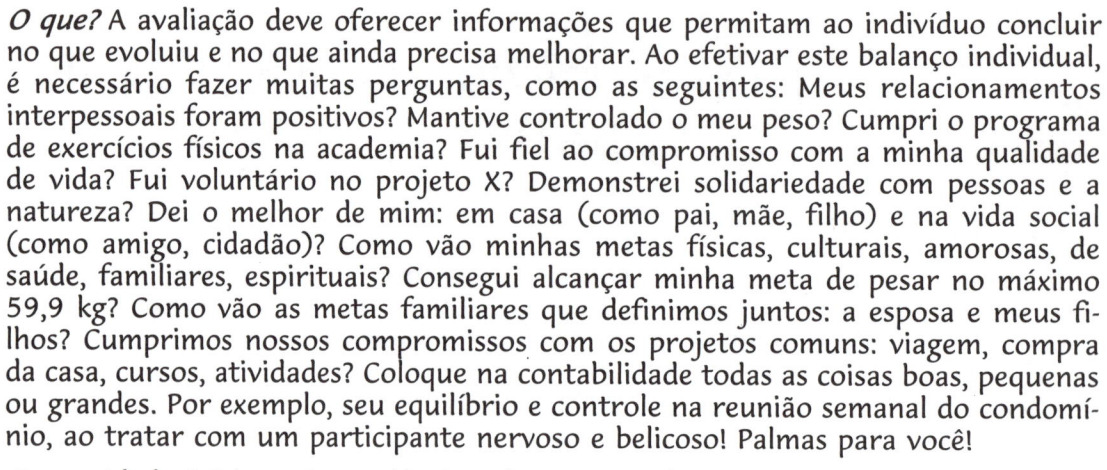

O que? A avaliação deve oferecer informações que permitam ao indivíduo concluir no que evoluiu e no que ainda precisa melhorar. Ao efetivar este balanço individual, é necessário fazer muitas perguntas, como as seguintes: Meus relacionamentos interpessoais foram positivos? Mantive controlado o meu peso? Cumpri o programa de exercícios físicos na academia? Fui fiel ao compromisso com a minha qualidade de vida? Fui voluntário no projeto X? Demonstrei solidariedade com pessoas e a natureza? Dei o melhor de mim: em casa (como pai, mãe, filho) e na vida social (como amigo, cidadão)? Como vão minhas metas físicas, culturais, amorosas, de saúde, familiares, espirituais? Consegui alcançar minha meta de pesar no máximo 59,9 kg? Como vão as metas familiares que definimos juntos: a esposa e meus filhos? Cumprimos nossos compromissos com os projetos comuns: viagem, compra da casa, cursos, atividades? Coloque na contabilidade todas as coisas boas, pequenas ou grandes. Por exemplo, seu equilíbrio e controle na reunião semanal do condomínio, ao tratar com um participante nervoso e belicoso! Palmas para você!

Que cuidados? Evite três tendências altamente indesejáveis. Primeiro: fixar-se apenas nos pontos positivos. Segundo: focar apenas nos pontos negativos. Terceiro: buscar e encontrar culpados externos para as falhas encontradas.

Como lidar com a derrota? Use senso de humor para se examinar. O que fazer com o que não deu certo? Comece dando boas risadas de seus tombos, erros, gafes, deslizes: tudo o que queria e não conseguiu. Continue definindo novas metas ou novas estratégias. Charles Dickens é sábio ao dizer que cada fracasso nos ensina algo que necessitávamos aprender.

Como lidar com as críticas? Abra espaço para ouvir pessoas que possam colaborar com o seu desenvolvimento. Veja as críticas como algo positivo: como verdadeiras oportunidades de crescimento.

REVISÃO PESSOAL

Reflita sobre as posturas que não foram adequadas. Reconheça comportamentos não efetivos e potencialmente destrutivos e desenvolva esquemas para substituí-los por comportamentos afirmativos e produtivos. Escolha o que deseja aprimorar. Decida sobre as mudanças de conduta que pretende empreender. O filósofo alemão Goethe dizia que *quando as pessoas estabeleciam propósitos, alcançavam tudo o que definiam.* Com o seu planejar, o seu agir, o seu avaliar e o seu reformular, os indivíduos são capazes de criar novos sonhos e novas realidades.

CRESCIMENTO PESSOAL

Daniel Goleman e outros falam de 5 aprendizagens que o sujeito deve almejar: (1) *Quem eu quero ser?* É o combustível necessário para a mudança pessoal. (2) *Como sou agora?* (em relação ao que desejo ser). É o momento de admitir as nossas virtudes e encarar os nossos defeitos. (3) *Como posso chegar a ser o que quero?* É a hora de elaborar um projeto pessoal para aprimoramento. (4) *Como vou atuar?* É o desafio de colocar em prática aquilo a que nos propomos. (5) *Como melhorar?* É tempo de pedir e aceitar *feedback*, refletir sobre o julgamento que os outros fazem a nosso respeito. Pessoas emocionalmente inteligentes buscam *feedback* negativo, criam espaço para críticas, aprendem a ouvir mesmo o que não é agradável. Os autores afirmam que esta proposta não é nova. Benjamin Franklin desenvolveu um método passo a passo, para tornar-se uma pessoa virtuosa, estabelecendo objetivos semanais específicos que reforçassem comportamentos admiráveis.

SUCESSO PESSOAL

A auto-avaliação é um instrumento fundamental ao êxito. Este conjunto de paradas para reflexão possibilita que a pessoa aprenda mais sobre si mesma e passe a se gostar mais ainda. Além disso, permite que ela prossiga com segurança ou redirecione o caminho que está trilhando para chegar à vitória. Um lembrete importante: tudo o que você mentaliza, mais cedo ou mais tarde, acaba acontecendo. É o poder fantástico da sua energia interior funcionando.

Olhe que belo e famoso parceiro escolhi para acompanhar novamente você no seu caminhar. O poeta Fernando Pessoa oferece este sábio conselho:

Se achar que precisa voltar, volte!

Se perceber que precisa seguir, siga!

Se estiver tudo errado, comece novamente. Se estiver tudo certo, continue.

Continue sua corajosa trajetória rumo à fama, alegre com os resultados de sua auto-avaliação que demonstram algo que você ansiava descobrir: que é hoje uma pessoa humana muito melhor e mais bonita (de bom coração) do que foi ontem.

Cosete Ramos

Agenda do Sucesso 31

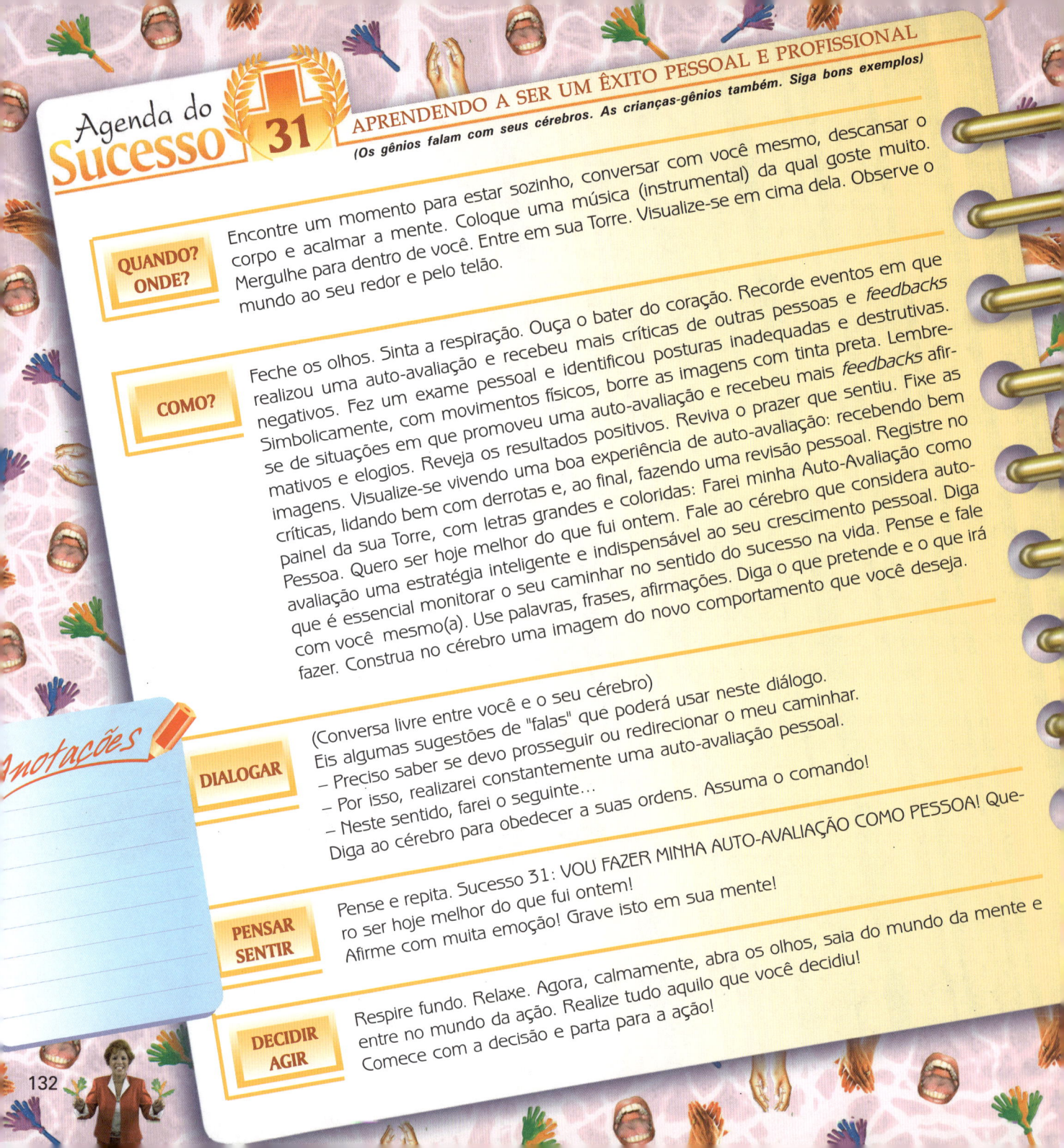

APRENDENDO A SER UM ÊXITO PESSOAL E PROFISSIONAL
(Os gênios falam com seus cérebros. As crianças-gênios também. Siga bons exemplos)

QUANDO? ONDE?
Encontre um momento para estar sozinho, conversar com você mesmo, descansar o corpo e acalmar a mente. Coloque uma música (instrumental) da qual goste muito. Mergulhe para dentro de você. Entre em sua Torre. Visualize-se em cima dela. Observe o mundo ao seu redor e pelo telão.

COMO?
Feche os olhos. Sinta a respiração. Ouça o bater do coração. Recorde eventos em que realizou uma auto-avaliação e recebeu mais críticas de outras pessoas e *feedbacks* negativos. Fez um exame pessoal e identificou posturas inadequadas e destrutivas. Simbolicamente, com movimentos físicos, borre as imagens com tinta preta. Lembre-se de situações em que promoveu uma auto-avaliação e recebeu mais *feedbacks* afirmativos e elogios. Reveja os resultados positivos. Reviva o prazer que sentiu. Fixe as imagens. Visualize-se vivendo uma boa experiência de auto-avaliação: recebendo bem críticas, lidando bem com derrotas e, ao final, fazendo uma revisão pessoal. Registre no painel da sua Torre, com letras grandes e coloridas: Farei minha Auto-Avaliação como Pessoa. Quero ser hoje melhor do que fui ontem. Fale ao cérebro que considera auto-avaliação uma estratégia inteligente e indispensável ao seu crescimento pessoal. Diga que é essencial monitorar o seu caminhar no sentido do sucesso na vida. Pense e fale com você mesmo(a). Use palavras, frases, afirmações. Diga o que pretende e o que irá fazer. Construa no cérebro uma imagem do novo comportamento que você deseja.

DIALOGAR
(Conversa livre entre você e o seu cérebro)
Eis algumas sugestões de "falas" que poderá usar neste diálogo.
– Preciso saber se devo prosseguir ou redirecionar o meu caminhar.
– Por isso, realizarei constantemente uma auto-avaliação pessoal.
– Neste sentido, farei o seguinte...
Diga ao cérebro para obedecer a suas ordens. Assuma o comando!

PENSAR SENTIR
Pense e repita. Sucesso 31: VOU FAZER MINHA AUTO-AVALIAÇÃO COMO PESSOA! Quero ser hoje melhor do que fui ontem!
Afirme com muita emoção! Grave isto em sua mente!

DECIDIR AGIR
Respire fundo. Relaxe. Agora, calmamente, abra os olhos, saia do mundo da mente e entre no mundo da ação. Realize tudo aquilo que você decidiu!
Comece com a decisão e parta para a ação!

Anotações

SUCESSO 32

DESENHE O MAPA DE SUAS CONQUISTAS!
Não Escreveu? Não Fotografou? Dançou!

AUTO-AVALIAÇÃO E SUCESSO

Cada exame que fizer do seu desempenho pessoal e profissional terá uma conseqüência positiva: a identificação de suas vitórias. É fundamental manter um registro permanente delas: seja através de fotografias, desenhos ou documentos escritos. Evite desculpas "esfarrapadas": "Não tenho fotos". "Não sei desenhar." "Não sou bom de escrever." Cuidado com as armadilhas que o seu cérebro lhe prega. Lembre-se da propaganda: Não fotografou? Dançou!

ORGANIZADORES GRÁFICOS

São esquemas simples de documentar eventos. Exemplos: (1) *Linha de Tempo*. Uma linha reta, vertical ou horizontal, dividida em intervalos de tempo, onde se registram as conquistas. (2) *Matriz*. No computador, cada êxito é apresentado numa matriz, contendo explicações e imagens relevantes. (3) *Fluxograma*. O sucesso é dividido em várias etapas, cada uma delas contada em um retângulo. Setas ligam as figuras e indicam a ordem. (4) *Diagrama Espinha de Peixe*. As principais vitórias (do mês, semestre, ano) são escritas nas espinhas. Em relação a cada uma delas, especificam-se êxitos menores, usando diversas palavras-chave.

MAPA MENTAL

No meu livro *O Despertar do Gênio: Aprendendo com o Cérebro Inteiro* apresento exemplos dos organizadores gráficos citados acima e mapas mentais de variados temas. Este método foi criado por Tony Buzan, a partir de estudos sobre como o cérebro pensa e aprende. Mapa Mental é um excelente instrumento que pode ser usado com inúmeras finalidades, inclusive desenhar o sucesso. O assunto Poder da Imaginação, incluído na referida obra, ilustrará o que é e como se desenvolve a construção de um Mapa Mental. Veja a gravura na página seguinte.

O quê? Mapa Mental é um processo de retratar visualmente um conceito central, usando símbolos, imagens, cores, palavras-chave, flechas e ramos. Representa a relação entre o conceito principal e os conceitos subordinados.

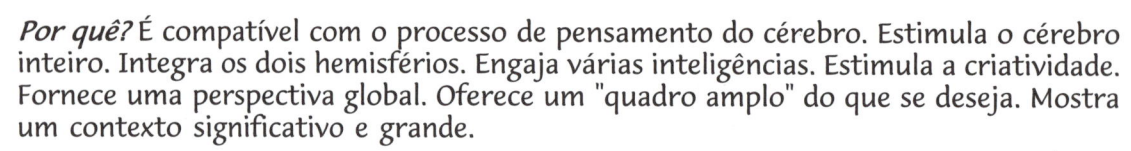

Por quê? É compatível com o processo de pensamento do cérebro. Estimula o cérebro inteiro. Integra os dois hemisférios. Engaja várias inteligências. Estimula a criatividade. Fornece uma perspectiva global. Oferece um "quadro amplo" do que se deseja. Mostra um contexto significativo e grande.

Como fazer? No centro da página, escreva o tópico central. Ao redor do tema central, começando da parte superior à esquerda e continuando no sentido horário, registre ou desenhe ilustrações dos subtópicos relacionados, incluindo detalhes que facilitem a compreensão. Trace linhas, flechas estabelecendo a conexão visual entre as idéias principais e as idéias secundárias.

Exemplo: Comece com o tópico *Imaginação Humana,* colocado bem no centro do papel, de preferência almaço duplo, sem pauta, no sentido horizontal. O tema será tratado em 4 dimensões. Saindo do centro e indo até os 4 cantos superiores e inferiores da página, desenhe 4 flechas (ramos) para colocar cada dimensão. No sentido horário, a primeira flecha vai para o canto superior esquerdo e acima dela é registrado o primeiro subtema: *Produtos da Imaginação*. A segunda flecha vai para o canto superior direito, registrando: *Processo de Criação*. A terceira para o canto inferior direito, registrando: *Clima para Imaginação*. A quarta para o canto inferior esquerdo, registrando: *Criatividade é Ouro*. Personalize seu mapa com fotografias, símbolos, cores, gravuras, formas. Em cada flecha maior, trace vários ramos menores para colocar detalhes sobre cada subtema. Use uma cor para cada ramo principal. Use letras maiúsculas e maiores (mais importantes) e minúsculas e menores (menos importantes). Use setas para mostrar relacionamentos. Utilize canetinhas coloridas.

MAPA MENTAL DO ÊXITO. Se fosse desenhar meu mapa mental, de forma ampla e genérica, usaria 4 grandes flechas, saindo do meio, onde estaria escrito Sucessos da Cosete. Ligados a cada flecha, traçaria vários ramos mais finos, especificando diversas vitórias dentro de cada um dos diferentes conjuntos.

PESSOAIS: Ser religiosa (metodista). Fazer exercícios 4 vezes por semana. Manter equilíbrio entre razão e emoção. Ser entusiasmada. Obedecer a valores. FAMILIARES: Estar casada com o meu Hassan por 33 anos. Participar da vida dos filhos Eduardo Ruy e Denise. Ter conquistado a admiração e o carinho de familiares Ramos e Gebrim (Ecilda, Ruy, Rosete, Maria, Cecy, Fádua, Nabi, Salem, Eva, Nabiha). PROFISSIONAIS: Ter trabalhado no MEC por 25 anos. Ser pioneira. Ter lançado no Brasil a 1ª obra sobre Aprendizagem Baseada no Cérebro. Ter proferido palestras, no país e fora dele, como no CONARH-SP. Escrever este livro. SOCIAIS: Possuir uma casa. Ter um carro próprio. Fazer turismo em outros países. Participar de constantes encontros com amigos e parentes. Manter um maravilhoso grupo de amigos (Confraria).

Retrate as suas vitórias pessoais e profissionais. Faça o mapa mental dos êxitos da sua família. Sentados no chão ou em volta da mesa, usando papel bem grande, registrem os sucessos de filhos, mulher, marido, avós... Será um momento glorioso: compartilhar vitórias com todos aqueles a quem estamos ligados pelo coração!

VISUALIZAÇÃO DO SUCESSO

Aconselho que faça o mapa mental usando gravuras, desenhos, fotos recortadas, caricaturas. Você irá se sentir muito feliz, como eu ao criar mapas mentais para meu livro! Prepare um mapa após cada auto-avaliação mensal. Prenda na parede ou coloque sob o vidro de sua mesa, para ficar bem visível. A cada 6 meses, faça um novo mapa semestral. A cada ano, desenhe um mapa anual. E continue...

O importante é permitir que *você esteja sempre sentido prazer ao visualizar sua trajetória de conquistas e vitórias*.

Suba mais um degrau desta escada, com seu cérebro cheio de positividade e de imagens alegres que retratem a sua caminhada em direção à fama!

Agenda do Sucesso 32

APRENDENDO A SER UM ÊXITO PESSOAL E PROFISSIONAL
(Os gênios falam com seus cérebros. As crianças-gênios também. Siga bons exemplos)

QUANDO? ONDE?
Encontre um momento para estar sozinho, conversar com você mesmo, descansar o corpo e acalmar a mente. Coloque uma música (instrumental) da qual goste muito. Mergulhe para dentro de você. Entre em sua Torre. Visualize-se em cima dela. Observe o mundo ao seu redor e pelo telão.

COMO?
Feche os olhos. Sinta a respiração. Ouça o bater do coração. Recorde eventos em que não registrou os seus sucessos e vários foram esquecidos: você não lembra mais. Simbolicamente, com movimentos físicos, rasgue estas imagens. Lembre-se de situações em que fez uma boa documentação de suas vitórias, usando fotos, caricaturas, palavras e desenhos. Visualize-se vivendo experiências prazerosas de construir tanto o seu, como o mapa mental dos êxitos da sua família. Veja a cara dos diversos membros que participam desta cerimônia. Sinta a comunhão e o amor que estavam no ar, ao compartilharem sucessos uns com os outros. Registre no painel da sua Torre, com letras grandes e coloridas. Vou desenhar um mapa mental para documentar minhas conquistas. Fale para o cérebro que considera importante registrar seus êxitos, pois assim poderá estar revivendo o prazer de visualizar sua trajetória de conquistas e vitórias. Pense e fale com você mesmo(a). Diga o que pretende e o que irá fazer. Construa no cérebro uma imagem do novo comportamento que você deseja.

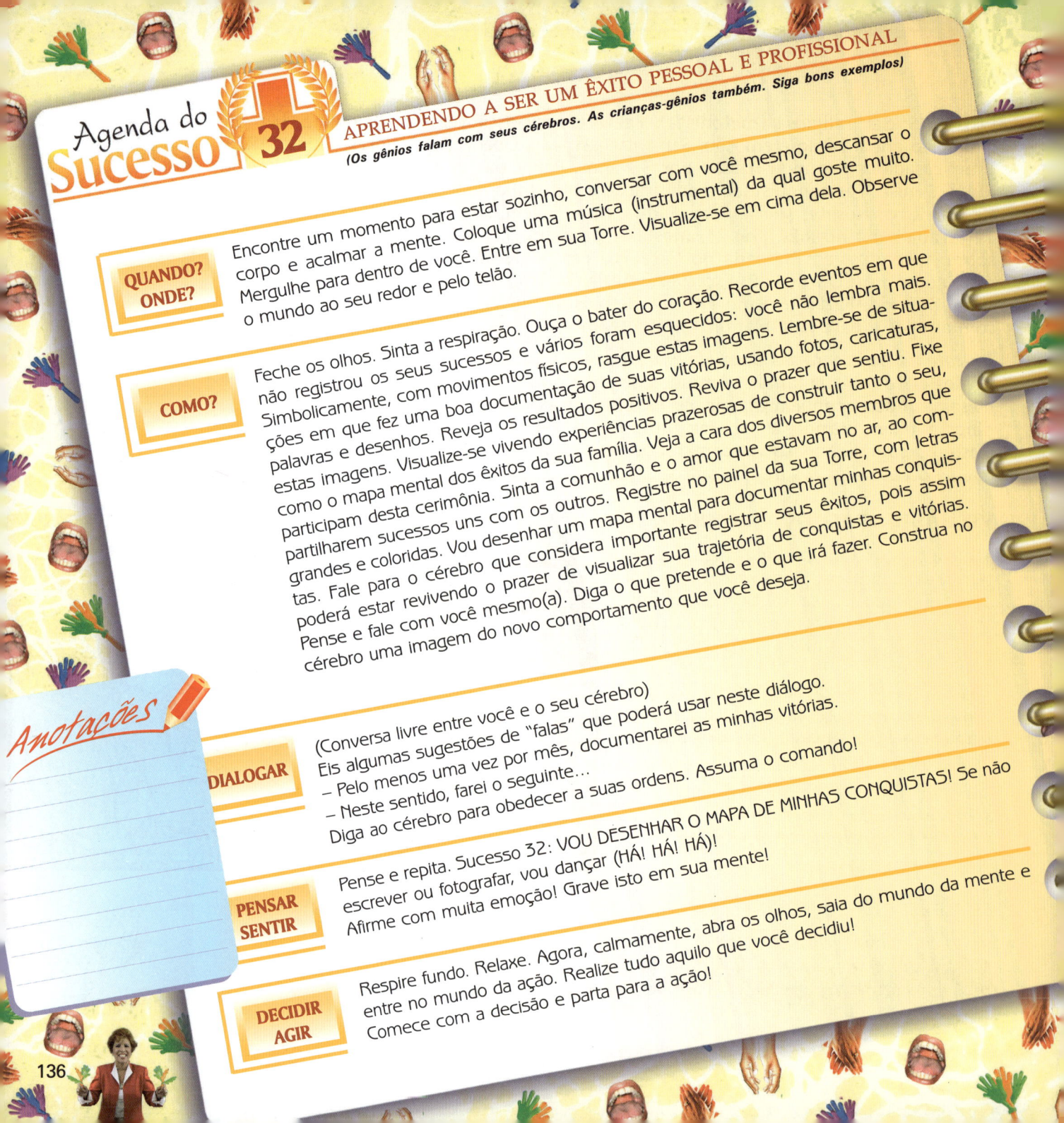

DIALOGAR
(Conversa livre entre você e o seu cérebro)
Eis algumas sugestões de "falas" que poderá usar neste diálogo.
– Pelo menos uma vez por mês, documentarei as minhas vitórias.
– Neste sentido, farei o seguinte...
Diga ao cérebro para obedecer a suas ordens. Assuma o comando!

PENSAR SENTIR
Pense e repita. Sucesso 32: VOU DESENHAR O MAPA DE MINHAS CONQUISTAS! Se não escrever ou fotografar, vou dançar (HÁ! HÁ! HÁ)!
Afirme com muita emoção! Grave isto em sua mente!

DECIDIR AGIR
Respire fundo. Relaxe. Agora, calmamente, abra os olhos, saia do mundo da mente e entre no mundo da ação. Realize tudo aquilo que você decidiu!
Comece com a decisão e parta para a ação!

Anotações

SUCESSO 33

CELEBRE SEMPRE AS SUAS VITÓRIAS!
E o Prêmio Vai para... VOCÊ!

VALORIZAR

A sociedade industrial se caracterizou por traços de profundo autoritarismo e seriedade. Havia economia de tudo: de abraços, elogios, aplausos. Não eram aceitas demonstrações de carinho. No trabalho, havia receio de parecer bajulador e constrangimento ao receber louvores. Tenho certos amigos que, ao serem elogiados, ansiosamente tratam de mudar de assunto. É hora de alterar este quadro indesejável, em termos pessoais e profissionais. Chega de botar para abaixo, criticar, fofocar, falar mal, puxar o tapete. Eduque a família para valorizar. Estimule a parceria entre seus membros. Ressalte comportamentos desejados, no campo intelectual, motor, social, emocional e moral. Enfatize atitudes desejáveis de cooperação, desprendimento, perdão. Faça reuniões especiais de congraçamento no seu lar visando reconhecer e aplaudir os sucessos uns dos outros.

TOMAR POSSE

Adote o Novo Perfil da Pessoa Humana do século XXI. Seja hoje um indivíduo melhor do que foi ontem (mais solidário, mais flexível, mais competente, mais talentoso, mais ético). Reconheça seus feitos e méritos! Fique feliz com cada meta alcançada do Plano de Ação Estratégica da sua EUpresa (Plano de Carreira). Tome posse do prêmio (do OSCAR): ele é todo seu, por merecimento!

COMEMORAR

Depois da atividade realizada com êxito, relaxe e deixe a emoção do triunfo tomar conta de você. Sinta um tremendo bem-estar. Comemore todas as suas vitórias – grandes e pequenas – tanto a cada mês (após auto-avaliação) como diariamente. O valor das celebrações é fazer com que sinta no corpo a sensação indescritível de ser um vencedor ou uma vencedora.

COMPARTILHAR

Saboreie o gosto de cada sucesso, sempre que possível, ao lado de alguém que você quer muito bem. Além de estreitar os laços de amizade e amor entre duas ou mais pessoas, estas ocasiões apresentam um vantagem adicional: servem para que você sinta mais profundamente o prazer da vitória e da conquista. As emoções são mais intensas quando há "cúmplices" com quem compartilhar!

CURTIR

Recorde o passado. Sonhe com o futuro. Viva intensamente o presente. Valorize tudo o que você já conseguiu. Não fique preso na armadilha do que ainda não obteve ou ainda não possui. Calma! Ofereça-se tempo suficiente para *curtir o que já tem agora*. Amanhã, poderá começar a pensar no futuro.

PRESENTEAR

É hora de se dar um presentinho, um "mimo", um "agradinho". Afinal você merece uma recompensa pelo trabalho de qualidade desenvolvido ou por ter sido uma pessoa bonita, de bom coração. Que tal um lançamento tecnológico; ou um objeto esportivo; ou festa de comemoração; ou um equipamento para o carro?

Escolha o que deseja fazer ou obter como prêmio por todas as suas realizações e conquistas.

- Compre um presente para você, algo que deseja há tempo: uma roupa ou uma jóia.
- Vá ao cinema com várias amigas, coma pipoca, assobie (como fazia quando menor).
- Tome um chope, cercado de amigos e familiares, numa cervejaria muito barulhenta.
- Tire aqueles dias de férias que se havia prometido e faça uma viagem rápida.
- Conte para a família e faça um churrasco, com música bem alta e muita dança.
- Leve seu(sua) namorado(a) a uma exposição e após a um restaurante aconchegante.

ELOGIAR

Aprenda a elogiar a você mesmo. Escreva vários bilhetinhos (tipo *post-it*) com mensagens de parabéns. Prenda em diferentes locais: geladeira; computador; espelho. Não fique sem graça! Não há a menor razão para se envergonhar! Afinal, você tem todo o direito de se apropriar de suas vitórias.

APLAUDIR

Um item que chama a atenção de todos, em minhas palestras, são as mãozinhas de plástico que aplaudem. Em empresas grandes, nas quais atuei como consultora, todos os participantes do projeto receberam e usaram este objeto fantástico, pelo simbolismo que representa. Compre uma mãozinha e deixe em cima de sua mesa. *Havendo um motivo justo, aplauda a você mesmo.*

Use a mãozinha para valorizar outras pessoas, tanto na empresa como na família. Seja generoso ao distribuir louvores: você merece e vários outros também. Encha o ambiente de trabalho ou do lar com os sons vibrantes e contagiantes das palmas!

DIVULGAR

Escreva uma carta contando a uma pessoa querida o que aconteceu no mês, semestre ou ano. Fale de aspirações e êxitos pessoais e profissionais. Faça algo semelhante com mensagem curta a ser enviada por *e-mail*. Divulgue suas conquistas, com segurança e equilíbrio, pela sua rede de relacionamento.

VIBRAR

Vibração é a palavra de ordem! Empolgue-se com cada realização, por menor que ela seja. Por exemplo: alcançou a meta física de pesar no máximo 59,9 quilos; deixe a alegria tomar conta de você. Concluiu o treinamento, após uma hora de "malhação" na academia, dê um grito de vitória (como eu faço!). Siga o bom exemplo dos jogadores de tênis: celebre cada jogada vitoriosa. Vibre também, no final, ao vencer o jogo (auto-avaliação semanal, mensal, semestral, anual).

ORGULHAR-SE

Como um Ser de Sucesso, visualize sua trajetória pessoal e profissional: ontem, hoje e o que lhe espera amanhã. O sentimento de orgulho por realizações alcançadas, quando genuíno, é mais do que justo! Encha o seu cérebro e o seu coração de entusiasmo e energia positiva. Aumente sua autoconfiança e sua auto-estima, após triunfar em cada desafio. Diminua gradativamente os seus medos, até que eles paulatinamente desapareçam. Reflita em sua imagem, na face e corpo, o espírito de vitória que está dentro de você e que se constitui em sua fonte de inspiração!

Dê mais um passo no caminho da fama, vendo, saboreando, cheirando e sentindo muito prazer ao ouvir os aplausos que merece pelo êxito alcançado!

Agenda do Sucesso 33

APRENDENDO A SER UM ÊXITO PESSOAL E PROFISSIONAL

(Os gênios falam com seus cérebros. As crianças-gênios também. Siga bons exemplos)

QUANDO? ONDE?
Encontre um momento para estar sozinho, conversar com você mesmo, descansar o corpo e acalmar a mente. Coloque uma música (instrumental) da qual goste muito. Mergulhe para dentro de você. Entre em sua Torre. Visualize-se em cima dela. Observe o mundo ao seu redor e pelo telão.

COMO?
Feche os olhos. Sinta a respiração. Ouça o bater do coração. Recorde eventos em que não celebrou o êxito alcançado; que passaram e você quase não se lembra. Simbolicamente, com movimentos físicos, pinte estas imagens de preto. Lembre-se de situações em que você tomou posse e comemorou suas realizações. Veja as pessoas com quem compartilhou este momento de glória. Sinta sua vibração e os abraços, beijos e aplausos que recebeu. Reveja os resultados positivos. Reviva o prazer que sentiu. Fixe estas imagens. Visualize-se como ator ou atriz principal de um filme. Veja a beleza da sua atuação artística, no papel de herói ou heroína. Ouça as palmas calorosas que fez por merecer. Veja-se orgulhoso(a) segurando a estatueta do Oscar! Registre no painel da sua Torre, com letras grandes e coloridas. Vou celebrar sempre minhas vitórias. É um prazer ouvir: O prêmio vai para você. Fale para o cérebro que considera importante celebrar cada êxito, compartilhando com pessoas que ama, para encher a sua mente e o seu coração de alegria e energia positiva. Pense e fale com você mesmo(a). Diga o que pretende e o que irá fazer. Construa no cérebro uma imagem do novo comportamento que você deseja.

DIALOGAR
(Conversa livre entre você e o seu cérebro)
Eis algumas sugestões de "falas" que poderá usar neste diálogo.
– Eu vou celebrar todas as minhas vitórias, uma a uma.
– Quero sentir o gostinho saboroso de receber o prêmio!
– Neste sentido, farei o seguinte...
Diga ao cérebro para obedecer a suas ordens. Assuma o comando!

PENSAR SENTIR
Pense e repita. Sucesso 33: EU VOU CELEBRAR SEMPRE AS MINHAS VITÓRIAS!
Que bom ouvir: e o Prêmio vai para... Você!
Afirme com muita emoção! Grave isto em sua mente!

DECIDIR AGIR
Respire fundo. Relaxe. Agora, calmamente, abra os olhos, saia do mundo da mente e entre no mundo da ação. Realize tudo aquilo que você decidiu!
Comece com a decisão e parta para a ação!

Anotações

SUCESSO 34

VOCÊ PERTENCE À RAÇA HUMANA!
Possui a Genética do Vencedor!

GENES VENCEDORES

Na Revista *Science* está a diferenciação entre homens e macacos. A explicação reside nos "genes vencedores", os que mudaram para fornecer característica vantajosa para o organismo, o que levou o *Homo Sapiens* a se tornar o rei do planeta, em vez de seu parente mais próximo. Esta estratégia de aprender, adaptar-se e mudar foi usada com sucesso por Nelson Mandela. Após 27 anos de prisão, saiu para lutar e liderar a transformação de seu país: África do Sul. **Mandela, você e eu temos em nosso DNA a herança do Vencedor!**

SER OU NÃO SER

Em algum momento da sua vida você terá de enfrentar esta famosa questão. Que tal agora?

Examine os *flashes* que retratam a genética do Vencedor.

FLASH 1. SER CONFIANTE

Acredito em mim e nas minhas capacidades. Desenvolvo o autoconhecimento, a autoestima, a autoconfiança e a automotivação. Reconheço e supero meus erros. Mantenho atitude positiva, sou otimista e entusiasmado. Tenho compromisso com a excelência pessoal e profissional. Celebro cada uma das minhas vitórias.

Pergunte-se e responda: Eu sou um Ser Confiante?

FLASH 2. SER PERSISTENTE

Decido construir o futuro que sonhei. Persigo objetivos e metas do Plano de Ação da minha EUpresa. Possuo um método de trabalho. Sou disciplinado e organizado. Sou apaixonado pelo que faço. Demonstro determinação e perseverança. Não desisto. Reinvento sempre minha marca pessoal.

Pergunte-se e responda: Eu sou um Ser Persistente?

FLASH 3. SER CRIATIVO E INOVADOR

Coloco meu cérebro (racional e emocional), minhas 9 inteligências e meu talento para ser feliz e obter sucesso. Enfrento desafios. Busco novidades. Transformo idéias criativas em negócios rentáveis. Mudo de estratégia para superar obstáculos. Sou empreendedor. Tenho iniciativa. Uso meu cérebro genial para pensar, criar e realizar.

Pergunte-se e responda: Eu sou um Ser Criativo e Inovador?

FLASH 4. SER APRENDIZ

Sou capaz de transformar informações em conhecimentos e estes em sabedoria. Desenvolvo habilidades e competências fundamentais para permanecer empregado. Mantenho o espírito aberto e flexível do eterno aprendiz, que busca aprender a conhecer; aprender a fazer; aprender a conviver; aprender a ser. Estou preparado e sou capaz de constantemente aprender, desaprender e reaprender.

Pergunte-se e responda: Eu sou um Ser Aprendiz?

FLASH 5. SER EDUCADO

Balizo minha vida pelos valores e pela ética, no âmbito social, familiar e profissional. Trato outros com delicadeza e respeito. Gosto dos colegas que trabalham ao meu lado. Estou disposto a colaborar para a felicidade e êxito deles. Mantenho poderosa rede de relações e parceria. Sou capaz de liderar e trabalhar em equipe. Demonstro coerência entre vida pessoal e profissional. Respeito os compromissos que assumi no que diz respeito à minha Qualidade de Vida.

Pergunte-se e responda: Eu sou um Ser Educado?

Você vê estes 5 *flashes* no seu álbum fotográfico mental? Qual a resposta dada?

Não Ser: que pena, talvez o êxito não esteja tão perto quanto gostaria.
SER: PARABÉNS! O SUCESSO CHEGOU DE VEZ E CHEGOU PARA FICAR!

O VENCEDOR ESCOLHE SER

A Cultura do Ter é bem diferente da Cultura do Ser. Ter possui caráter provisório: a pessoa tem hoje e pode perder amanhã. Ter bom carro; ter ótimo emprego; ter excelente salário; ter bela casa; ter amigos verdadeiros; ter família carinhosa. É extrínseco: está fora do sujeito.

Ser é permanente. É intrínseco e indissociável: uma conquista pessoal que se torna parte de sua identidade. O Vencedor sempre escolhe o Ser (o ter torna-se mera conseqüência)!

O VENCEDOR ESCOLHE SER AUTÊNTICO

O Ser sintetiza a essência da pessoa. Aqui reside um problema muito sério! Um grande perigo que o indivíduo corre consiste em não se manter fiel ao que realmente é e não refletir uma imagem autêntica. Preste bem atenção no que afirma Charles Handy, conceituado consultor inglês.

"Passei a primeira metade da minha vida tentando ser outra pessoa. Na escola, eu queria ser um grande atleta; depois queria ser apreciado como homem de negócio... Não demorei a descobrir que não estava destinado ao sucesso em nenhuma dessas áreas – o que não me impediu de continuar tentando, mesmo vivendo em permanente decepção comigo mesmo. O problema é que tentando ser outro, evitei concentrar-me naquilo que poderia ser. Eu ficava mais feliz submetendo-me às convenções da época, avaliando o sucesso em termos de dinheiro e posição, subindo as escadas que outros colocavam no meu caminho, acumulando coisas e conhecidos, em vez de dar vazão às minhas próprias crenças e personalidade". (Livro de Goleman e outros.)

O Vencedor sempre escolhe Ser Fiel ao que realmente é e a Ser Autêntico!

O VENCEDOR ESCOLHE CAMINHAR

Ser Sucesso é uma construção permanente, decorrente de progressos diários. O triunfo está mais no caminhar (na própria viagem) do que no final da estrada (no destino). Caminhar é preciso... Sua jornada rumo à vitória, com 35 passos, é longa? Responda você! Eu prefiro acreditar que tenha sido prazerosa e desafiante de ser trilhada. Você aprendeu a se conhecer mais; a ser mais você (autêntico); a se assumir por inteiro; a se amar mais. Talvez, mais importante ainda, *colocou o sucesso pessoal e profissional no devido lugar: como uma parte importante do seu maravilhoso e precioso projeto de vida!*

O VENCEDOR ESCOLHE EDUCAR O CÉREBRO

Estava escrito numa placa: Não há pódio sem derrota e sem luta. Em sua caminhada, experimentou fracasso, lutou muito e alcançou sucesso. *A vitória maior foi conquistar você mesmo*, ao comandar seu cérebro, com razão e emoção, a construir o projeto de vida que deseja. A vitória menor foi conquistar o mundo, como pessoa e profissional de talento.

Do alto do pódio, faça uma foto de sua trajetória. Dê vários cliques e transforme esta imagem em memória permanente. Inspirado nesta visão e com a sensação gloriosa de possuir a genética do Vencedor, dê o último passo rumo à fama.

Agenda do Sucesso 34

APRENDENDO A SER UM ÊXITO PESSOAL E PROFISSIONAL

(Os gênios falam com seus cérebros. As crianças-gênios também. Siga bons exemplos)

QUANDO? ONDE?
Encontre um momento para estar sozinho, conversar com você mesmo, descansar o corpo e acalmar a mente. Coloque uma música (instrumental) da qual goste muito. Mergulhe para dentro de você. Entre em sua Torre. Visualize-se em cima dela. Observe o mundo ao seu redor e pelo telão.

COMO?
Feche os olhos. Sinta a respiração. Ouça o bater do coração. Recorde eventos em que respondeu Não Ser. Simbolicamente, com movimentos físicos, rasgue estas imagens e jogue na lata do lixo. Lembre-se de situações em que respondeu SER. Reveja os resultados positivos. Reviva o prazer que sentiu. Fixe estas imagens. Visualize-se como um Ser Fiel ao que realmente é e um Ser Autêntico. Veja-se representando cada um dos 5 flashes que estão no álbum mental do Ser Vitorioso. Veja-se todo alegre caminhando, dando 35 passos, rumo à vitória. Registre no painel da sua Torre, com letras grandes e coloridas. Pertenço à Raça Humana. Possuo a genética do Vencedor. Fale para o cérebro que ficou feliz em saber que tem em seu DNA a herança do Vencedor e que pretende usar isto como plataforma para novos vôos em direção ao futuro. Fale que deseja que ele use o poder fantástico que possui para fazer avançar seu Projeto de Vida. Pense e fale com você mesmo(a). Diga o que pretende e o que irá fazer. Construa no cérebro uma imagem do novo comportamento que você deseja.

DIALOGAR
(Conversa livre entre você e o seu cérebro)
Eis algumas sugestões de "falas" que poderá usar neste diálogo.
– Eu acredito... Eu quero...
– Eu posso... Eu mereço...
– Neste sentido, farei o seguinte...
Diga ao cérebro para obedecer a suas ordens. Assuma o comando!

PENSAR SENTIR
Pense e repita. Sucesso 34: EU PERTENÇO À RAÇA HUMANA! Possuo a Genética do Vencedor!
Afirme com muita emoção! Grave isto em sua mente!

DECIDIR AGIR
Respire fundo. Relaxe. Agora, calmamente, abra os olhos, saia do mundo da mente e entre no mundo da ação. Realize tudo aquilo que você decidiu!
Comece com a decisão e parta para a ação!

Anotações

SUCESSO 35

DIGA DE CORAÇÃO: OBRIGADO! OBRIGADA!
Viva o Meu Sucesso Pessoal e Profissional!

COMEÇO E FIM

Você iniciou a leitura deste livro *colocando seu cérebro em estado de alerta!* No primeiro tema, foi sugerido que gritasse bem alto: BASTA! Abaixo o Paradigma do Fracasso. Este comando enfático fez com que sua mente prestasse atenção. E você sabe que a atenção impulsiona a aprendizagem: logo, prestou atenção e aprendeu! Agora, conclui esta obra, inundando o cérebro e o coração de emoções e sentimentos altamente positivos: de agradecimento e de triunfo!

DIGA DE CORAÇÃO: OBRIGADO! OBRIGADA!

Vimos que o cérebro é resultante de duas grandes forças: a genética é uma e a estimulação ambiental é outra! Em relação a ambas, você tem muito, mas muito mesmo, a agradecer!

Agradeça a sua mãe e ao seu pai pela vida que lhe deram e pela transmissão da genética dos vencedores. Falando a linguagem do coração, lembre com carinho a constante presença durante a infância, adolescência ou idade adulta. Diga obrigado ou obrigada por tudo o que fizeram: por terem esperado; por terem acompanhado; por terem entendido; por terem oferecido apoio incondicional; por terem perdoado; por terem estimulado; por terem acreditado. E, mais importante, por terem amado e demonstrado tal amor em milhares de pequenos e grandes momentos! Agradeça a outras pessoas que agiram como seus pais.

Agradeça ao Pai Eterno, se acreditar numa força superior, num Ser Supremo, pelo cérebro fantástico que você possui! Faça uma oração expressando sua gratidão pela proteção recebida no desenvolvimento do projeto de vida que decidiu construir e pelos ensinamentos preciosos que o(a) acompanharam sempre!

Agradeça a seus bons professores que lhe ensinaram conhecimentos, habilidades, valores e atitudes relevantes para a vida. Reconheça que participaram de forma competente e definitiva em sua educação. Mencione o quanto aprendeu com eles!

Agradeça ao seu esposo ou esposa. Diga a ele ou ela como foram maravilhosos os momentos de paz, cumplicidade, paixão, alegria e amor que compartilharam.

Agradeça a seus filhos, por existirem e encherem de entusiasmo e energia a sua vida. Expresse o quanto se sente grato porque eles são em parte responsáveis por manter viva a criança que existe e brinca dentro de você.

Agradeça a outros membros da família, como aquela tia tão querida que fez uma comida deliciosa para você. Ou avô ou avó, tio, prima, ou parente que estava presente, ao seu lado, oferecendo o suporte, no momento em que mais precisou!

Agradeça ao amigo ou à amiga que vibrou com sua vitória. Mencione como foi bom aquele abraço sentido, aquelas lágrimas de contentamento, aquele brilho no olhar! Diga como foi bom aquele ouvido, enquanto chorava de tristeza ou dor de cotovelo.

Agradeça a todos que contribuíram para seu crescimento e estimularam que se tornasse um ser humano bom e grande. Recorde e faça uma lista de tudo que deve agradecer. Não esqueça de ser grato pelos olhos que lhe deixam ver as pessoas que ama. Pelos ouvidos que lhe permitem ouvir belas palavras de amizade. Pelas mãos que espalham solidariedade e que têm o poder de acalmar. Pelas pernas que lhe permitem caminhar a pontos bem próximos e distantes. Pelo seu lar, onde encontra repouso e paz. Pelo trabalho, que lhe permite manter sua família. Faça uma relação de todas as pessoas a quem é grato(a), a quem deseja reconhecer. Expresse – seja por escrito, falando ou através de uma simples e poderosa lembrança – *o sentimento de agradecimento que inunda seu coração.*

Agora, é a minha vez. Peço licença para dizer a você MUITO OBRIGADA! Tenho certeza de que, usando o poder fantástico de seu cérebro, poderá visualizar a autora deste livro (Cosete), de pé, lhe aplaudindo e demonstrando a honra que sentiu por sua companhia neste livro. Você é um talento. Você pode se tornar o que quiser! *Continue a educar o seu cérebro e continue a viver com alegria e a vencer com garra!*

DIGA DE CORAÇÃO: VIVA O MEU SUCESSO PESSOAL E PROFISSIONAL

Encha seu coração de júbilo. Repita com emoção. Viva o meu sucesso pessoal e profissional. Primeiro, você recebeu algo precioso: uma palavra, um sentimento, um bem material. Segundo, você retribuiu oferecendo algo de valor: um carinho, um pensamento, um reconhecimento. Lembre-se: Há um inesperado subproduto. Neste momento, emoções positivas tomarão conta de você. O cérebro estará produzindo endorfina e adrenalina que encherão o seu corpo de sensações maravilhosas de alegria e prazer. Que extraordinário! **Você agradece, você vibra, você ganha!**

DIGA DE CORAÇÃO: ACREDITO NO MILAGRE DE VIVER

O cientista Einstein, afirmou o seguinte: *Há duas formas para viver sua vida. Uma é não acreditar que existe milagre. A outra é acreditar que todas as coisas são um milagre.* A sua vida é um milagre! Diga de coração que acredita! Diga! Diga...

Cada ser humano é um universo a ser desvendado! Você é um universo a ser desvendado! Descubra dentro de você o poder do seu corpo, o poder do seu coração, o poder do seu cérebro de sentir, pensar, criar e realizar! Descubra o prazer de se encantar, nesta aventura extraordinária de viver com plenitude!

Com as mãos, segure o sucesso com força e determinação. Com o coração, sinta admiração e amor por você e pelos outros. Com o cérebro, comece a criar um novo amanhã. Com a mente, tenha certeza de que você faz diferença no mundo.

Com a alma repleta de bons sentimentos, enfrente o último desafio.

Agenda do Sucesso 35

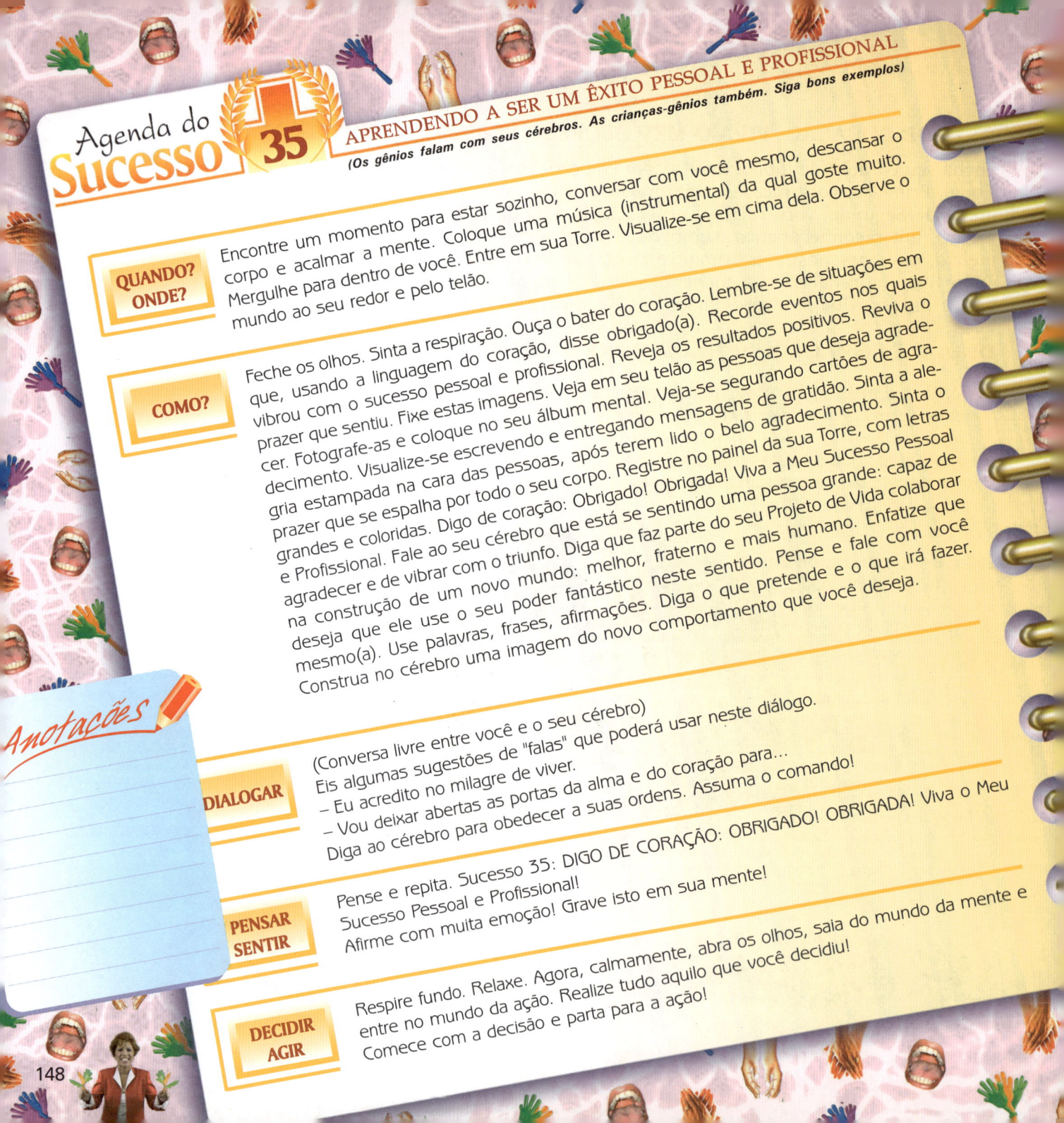

APRENDENDO A SER UM ÊXITO PESSOAL E PROFISSIONAL

(Os gênios falam com seus cérebros. As crianças-gênios também. Siga bons exemplos)

QUANDO? ONDE?
Encontre um momento para estar sozinho, conversar com você mesmo, descansar o corpo e acalmar a mente. Coloque uma música (instrumental) da qual goste muito. Mergulhe para dentro de você. Entre em sua Torre. Visualize-se em cima dela. Observe o mundo ao seu redor e pelo telão.

COMO?
Feche os olhos. Sinta a respiração. Ouça o bater do coração. Lembre-se de situações em que, usando a linguagem do coração, disse obrigado(a). Recorde eventos nos quais vibrou com o sucesso pessoal e profissional. Reveja os resultados positivos. Reviva o prazer que sentiu. Fixe estas imagens. Veja em seu telão as pessoas que deseja agradecer. Fotografe-as e coloque no seu álbum mental. Veja-se segurando cartões de agradecimento. Visualize-se escrevendo e entregando mensagens de gratidão. Sinta a alegria estampada na cara das pessoas, após terem lido o belo agradecimento. Sinta o prazer que se espalha por todo o seu corpo. Registre no painel da sua Torre, com letras grandes e coloridas. Digo de coração: Obrigado! Obrigada! Viva a Meu Sucesso Pessoal e Profissional. Fale ao seu cérebro que está se sentindo uma pessoa grande: capaz de agradecer e de vibrar com o triunfo. Diga que faz parte do seu Projeto de Vida colaborar na construção de um novo mundo: melhor, fraterno e mais humano. Enfatize que deseja que ele use o seu poder fantástico neste sentido. Pense e fale com você mesmo(a). Use palavras, frases, afirmações. Diga o que pretende e o que irá fazer. Construa no cérebro uma imagem do novo comportamento que você deseja.

DIALOGAR
(Conversa livre entre você e o seu cérebro)
Eis algumas sugestões de "falas" que poderá usar neste diálogo.
– Eu acredito no milagre de viver.
– Vou deixar abertas as portas da alma e do coração para...
Diga ao cérebro para obedecer a suas ordens. Assuma o comando!

PENSAR SENTIR
Pense e repita. Sucesso 35: DIGO DE CORAÇÃO: OBRIGADO! OBRIGADA! Viva o Meu Sucesso Pessoal e Profissional!
Afirme com muita emoção! Grave isto em sua mente!

DECIDIR AGIR
Respire fundo. Relaxe. Agora, calmamente, abra os olhos, saia do mundo da mente e entre no mundo da ação. Realize tudo aquilo que você decidiu!
Comece com a decisão e parta para a ação!

Anotações

Entre em sintonia com o mundo

QualityPhone:

0800-263311

Ligação gratuita

Qualitymark Editora

Rua Teixeira Júnior, 441 - São Cristóvão
20921-400 - Rio de Janeiro - RJ
Tel.: (0XX21) 3094-8400
Fax: (0XX21) 3094-8424

www.qualitymark.com.br
e-mail: qualitymark.com.br

Dados Técnicos:

Formato	21 x 21 cm
Mancha:	15 x 16,5 cm
Fontes Títulos:	Bookman Old Style
Fontes Texto:	Lucida Casual
Corpo:	10
Entrelinha	12
Total de Páginas	152